D1665197

John Matthews
Will Worthington

# Das keltische Orakel

## Der Grüne Mann und die Weisheit der Bäume

Arun

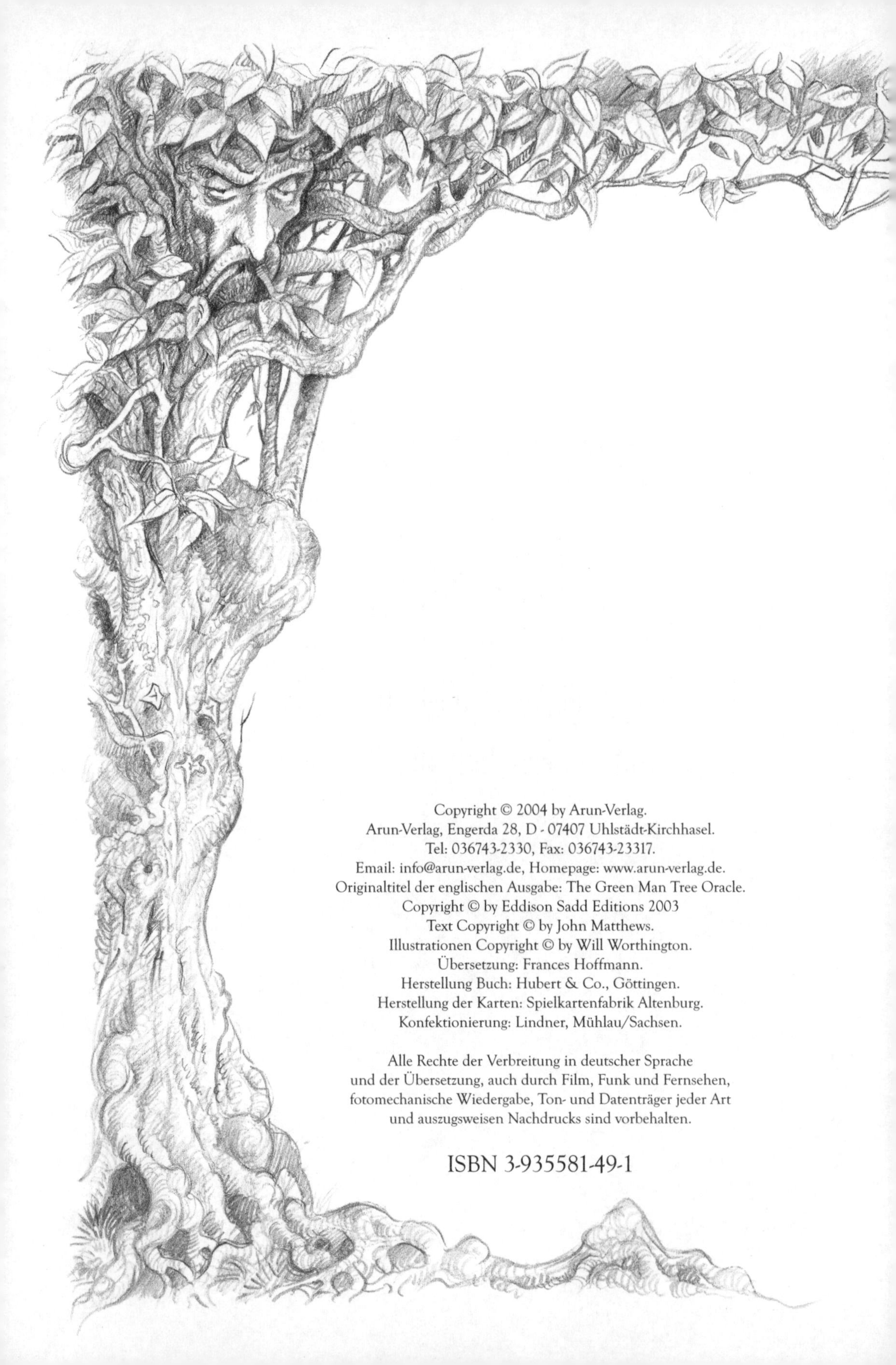


Arun-Verlag, Engerda 28, D - 07407 Uhlstädt-Kirchhasel.
Tel: 036743-2330, Fax: 036743-23317.
Email: info@arun-verlag.de, Homepage: www.arun-verlag.de.
Originaltitel der englischen Ausgabe: The Green Man Tree Oracle.

Übersetzung: Frances Hoffmann.
Herstellung Buch: Hubert & Co., Göttingen.
Herstellung der Karten: Spielkartenfabrik Altenburg.
Konfektionierung: Lindner, Mühlau/Sachsen.



ISBN 3-935581-49-1

# Inhalt

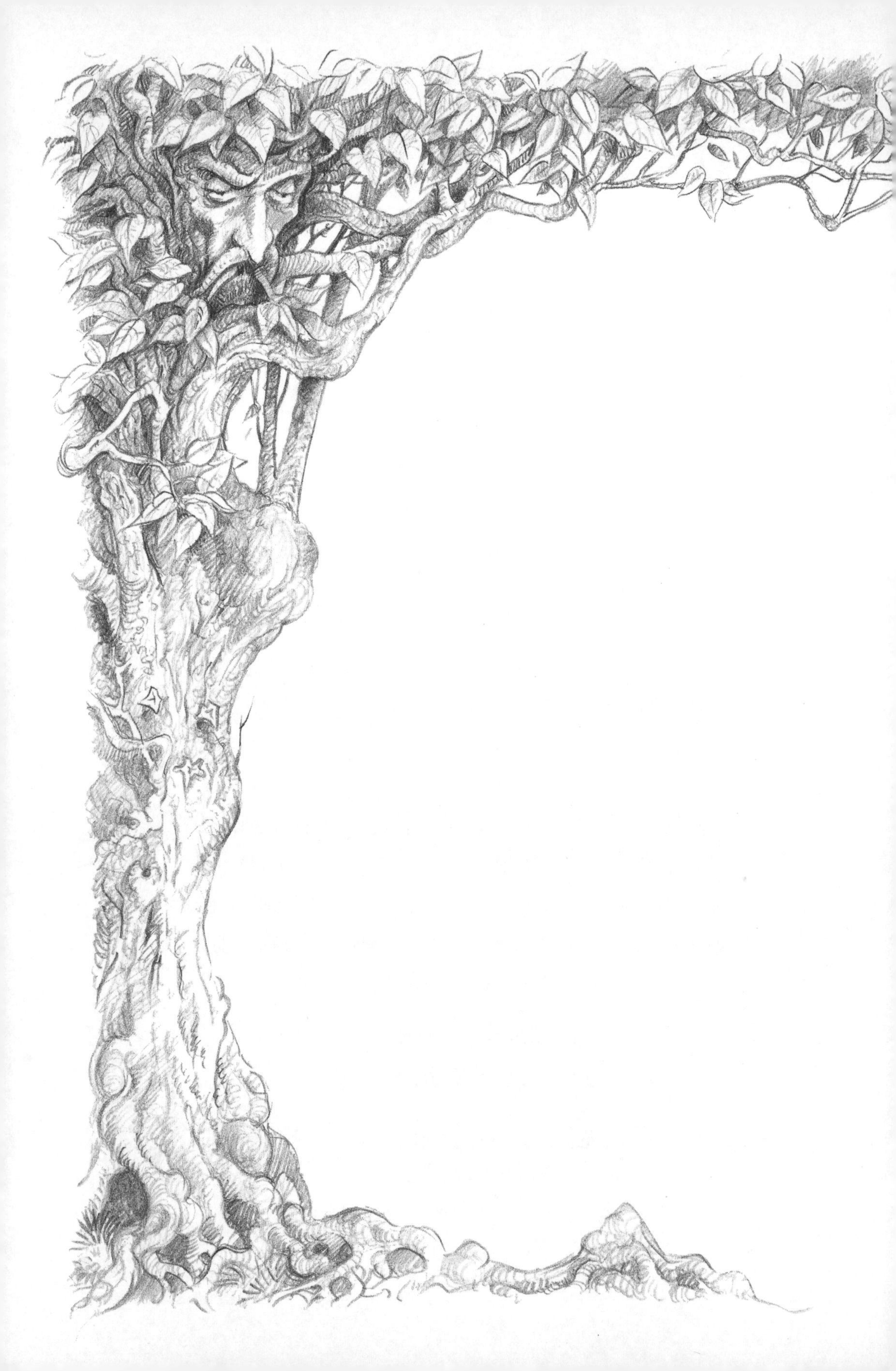

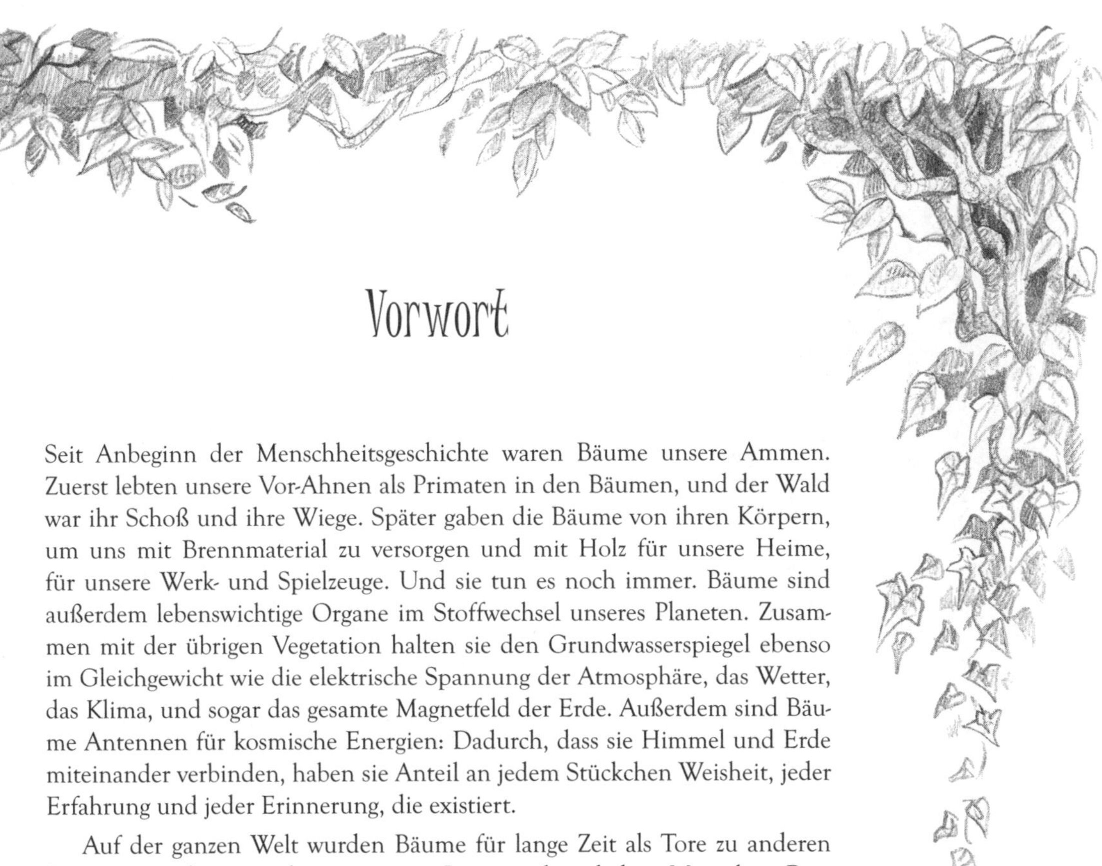

# Vorwort

Seit Anbeginn der Menschheitsgeschichte waren Bäume unsere Ammen. Zuerst lebten unsere Vor-Ahnen als Primaten in den Bäumen, und der Wald war ihr Schoß und ihre Wiege. Später gaben die Bäume von ihren Körpern, um uns mit Brennmaterial zu versorgen und mit Holz für unsere Heime, für unsere Werk- und Spielzeuge. Und sie tun es noch immer. Bäume sind außerdem lebenswichtige Organe im Stoffwechsel unseres Planeten. Zusammen mit der übrigen Vegetation halten sie den Grundwasserspiegel ebenso im Gleichgewicht wie die elektrische Spannung der Atmosphäre, das Wetter, das Klima, und sogar das gesamte Magnetfeld der Erde. Außerdem sind Bäume Antennen für kosmische Energien: Dadurch, dass sie Himmel und Erde miteinander verbinden, haben sie Anteil an jedem Stückchen Weisheit, jeder Erfahrung und jeder Erinnerung, die existiert.

Auf der ganzen Welt wurden Bäume für lange Zeit als Tore zu anderen Bewusstseinsebenen wahrgenommen. Immer schon haben Menschen Bäume für ihre Gaben und ihre Weisheit hoch geachtet. In der westlichen Welt wurde dies eine Zeit lang vergessen, hauptsächlich durch den „modernen" Lebensstil, den wir inzwischen angenommen haben. Wenn wir das Keltische Orakel benutzen, um uns wieder mit den ewigen Gesetzen der Natur und der Weisheit des Grünen Mannes zu verbinden, so kommt das nicht nur uns selbst zugute, sondern stärkt auch den globalen Heilungsprozess, durch den die menschliche Gesellschaft erneut lernt, andere Lebensformen einfach für das zu lieben und zu achten, was sie sind. Im 21. Jahrhundert werden wir die uralte Freundschaft von Mensch und Baum wiederherstellen - und sie größer werden lassen als jemals zuvor!

Wills Baumporträts sind großartige und inspirierende Meisterwerke von jemandem, der nicht nur seine Kunst sondern auch sein Leben der uralten Weisheit widmet. Sie finden ihr würdiges Gegenstück in der Expertise von Johns Text. Dies ist modernes Druidentum auf höchster Stufe: der Mensch erhöht die Natur und die Natur erhöht den Menschen. Und das innerste Zentrum dieser heiligen Beziehung - das Tor und der Hüter - ist der Baum, wie er es schon immer war.

Fred Hageneder
Autor von *Geist der Bäume*

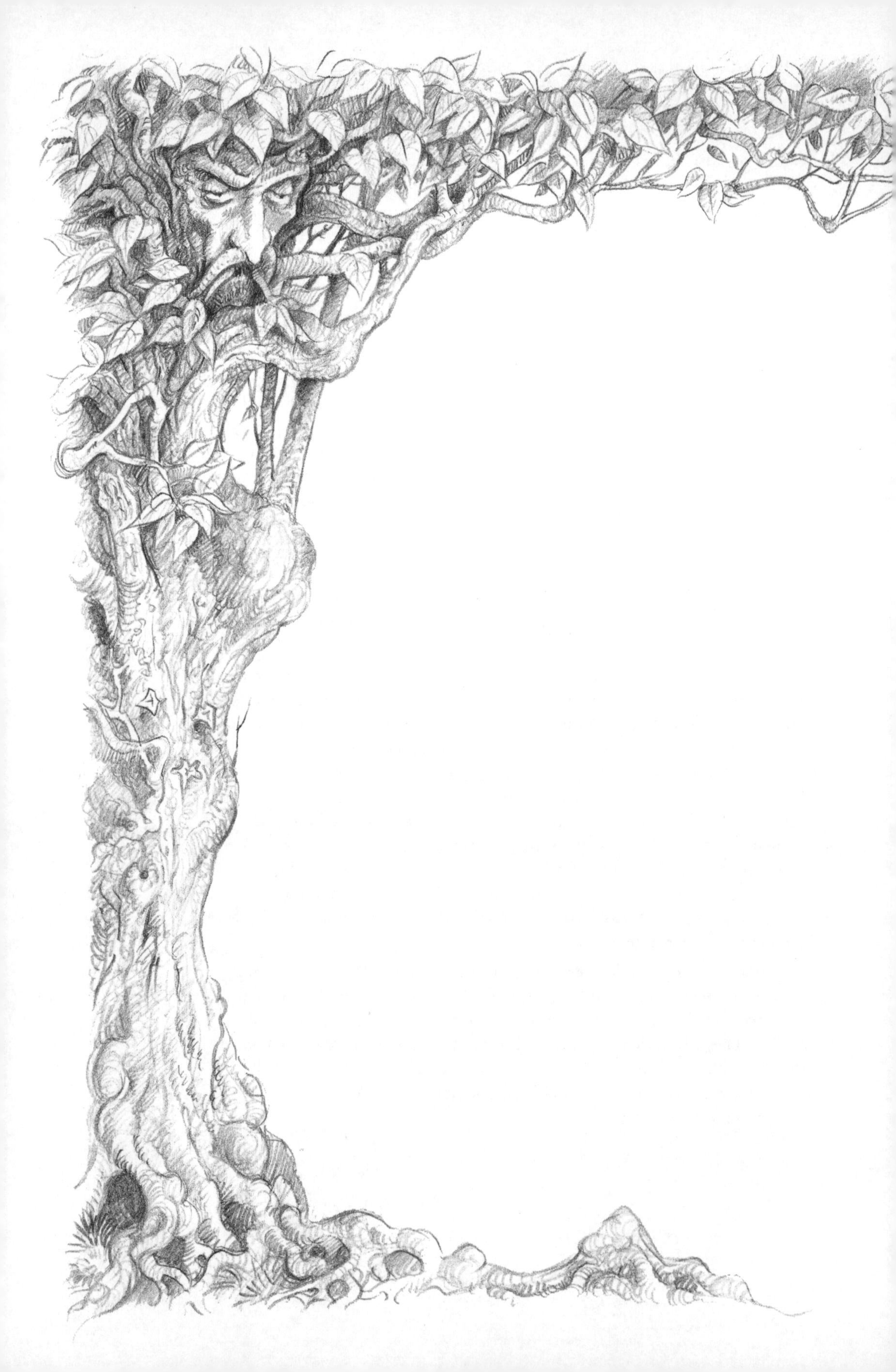

Kapitel 1

# In den Wäldern lesen

## Weissagung und Baumkunde

*Oh Eiche, du volle und belaubte,*
*du höchster unter den Bäumen.*
*Oh Haselbaum mit den zarten Zweigen*
*und deiner duftenden Frucht.*
*Oh Erle, du Ungastliche,*
*deine Farbe erwärmt das Herz.*

Anonym, *Siubhne Praises Great Trees*

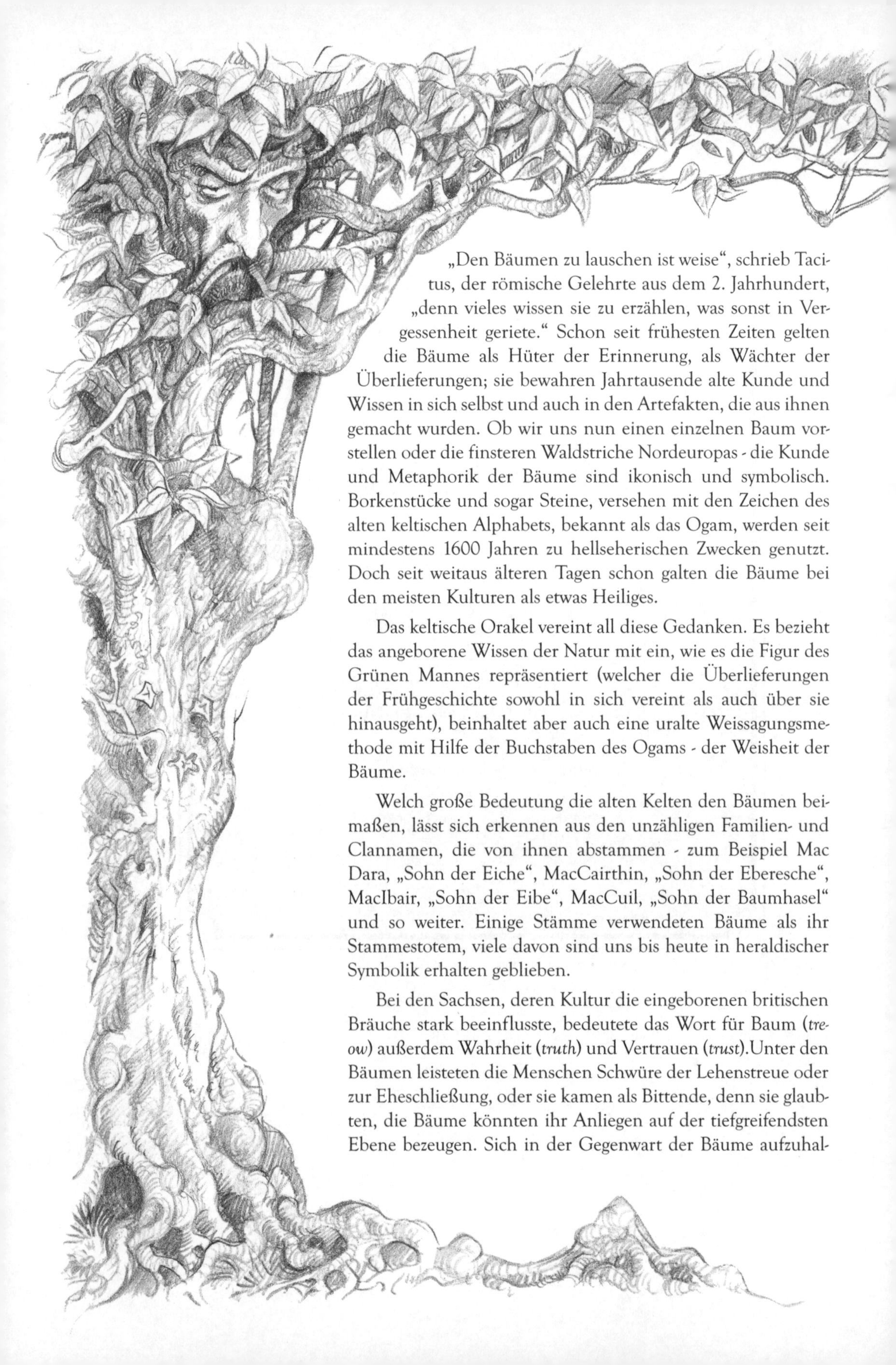

„Den Bäumen zu lauschen ist weise“, schrieb Tacitus, der römische Gelehrte aus dem 2. Jahrhundert, „denn vieles wissen sie zu erzählen, was sonst in Vergessenheit geriete.“ Schon seit frühesten Zeiten gelten die Bäume als Hüter der Erinnerung, als Wächter der Überlieferungen; sie bewahren Jahrtausende alte Kunde und Wissen in sich selbst und auch in den Artefakten, die aus ihnen gemacht wurden. Ob wir uns nun einen einzelnen Baum vorstellen oder die finsteren Waldstriche Nordeuropas - die Kunde und Metaphorik der Bäume sind ikonisch und symbolisch. Borkenstücke und sogar Steine, versehen mit den Zeichen des alten keltischen Alphabets, bekannt als das Ogam, werden seit mindestens 1600 Jahren zu hellseherischen Zwecken genutzt. Doch seit weitaus älteren Tagen schon galten die Bäume bei den meisten Kulturen als etwas Heiliges.

Das keltische Orakel vereint all diese Gedanken. Es bezieht das angeborene Wissen der Natur mit ein, wie es die Figur des Grünen Mannes repräsentiert (welcher die Überlieferungen der Frühgeschichte sowohl in sich vereint als auch über sie hinausgeht), beinhaltet aber auch eine uralte Weissagungsmethode mit Hilfe der Buchstaben des Ogams - der Weisheit der Bäume.

Welch große Bedeutung die alten Kelten den Bäumen beimaßen, lässt sich erkennen aus den unzähligen Familien- und Clannamen, die von ihnen abstammen - zum Beispiel Mac Dara, „Sohn der Eiche“, MacCairthin, „Sohn der Eberesche“, MacIbair, „Sohn der Eibe“, MacCuil, „Sohn der Baumhasel“ und so weiter. Einige Stämme verwendeten Bäume als ihr Stammestotem, viele davon sind uns bis heute in heraldischer Symbolik erhalten geblieben.

Bei den Sachsen, deren Kultur die eingeborenen britischen Bräuche stark beeinflusste, bedeutete das Wort für Baum (*treow*) außerdem Wahrheit (*truth*) und Vertrauen (*trust*).Unter den Bäumen leisteten die Menschen Schwüre der Lehenstreue oder zur Eheschließung, oder sie kamen als Bittende, denn sie glaubten, die Bäume könnten ihr Anliegen auf der tiefgreifendsten Ebene bezeugen. Sich in der Gegenwart der Bäume aufzuhal-

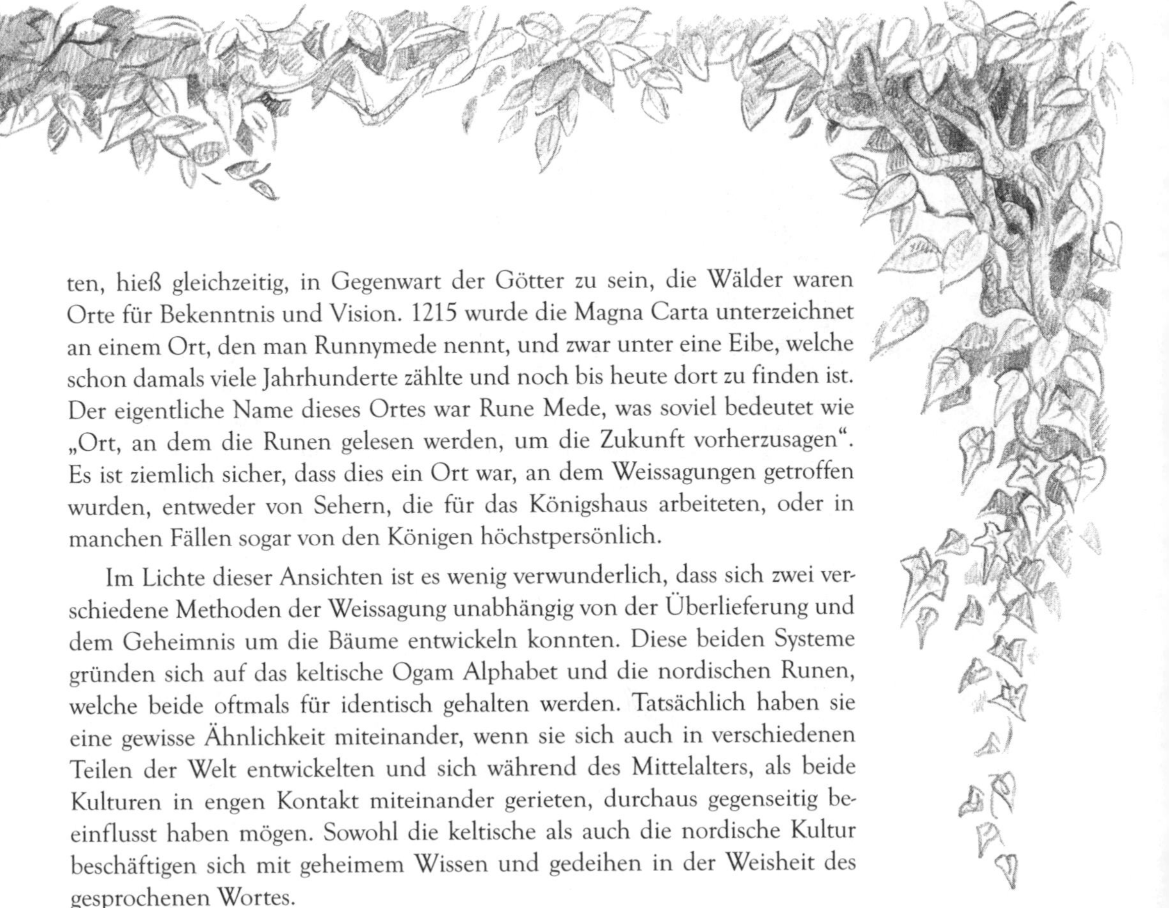

ten, hieß gleichzeitig, in Gegenwart der Götter zu sein, die Wälder waren Orte für Bekenntnis und Vision. 1215 wurde die Magna Carta unterzeichnet an einem Ort, den man Runnymede nennt, und zwar unter eine Eibe, welche schon damals viele Jahrhunderte zählte und noch bis heute dort zu finden ist. Der eigentliche Name dieses Ortes war Rune Mede, was soviel bedeutet wie „Ort, an dem die Runen gelesen werden, um die Zukunft vorherzusagen". Es ist ziemlich sicher, dass dies ein Ort war, an dem Weissagungen getroffen wurden, entweder von Sehern, die für das Königshaus arbeiteten, oder in manchen Fällen sogar von den Königen höchstpersönlich.

Im Lichte dieser Ansichten ist es wenig verwunderlich, dass sich zwei verschiedene Methoden der Weissagung unabhängig von der Überlieferung und dem Geheimnis um die Bäume entwickeln konnten. Diese beiden Systeme gründen sich auf das keltische Ogam Alphabet und die nordischen Runen, welche beide oftmals für identisch gehalten werden. Tatsächlich haben sie eine gewisse Ähnlichkeit miteinander, wenn sie sich auch in verschiedenen Teilen der Welt entwickelten und sich während des Mittelalters, als beide Kulturen in engen Kontakt miteinander gerieten, durchaus gegenseitig beeinflusst haben mögen. Sowohl die keltische als auch die nordische Kultur beschäftigen sich mit geheimem Wissen und gedeihen in der Weisheit des gesprochenen Wortes.

## Die geheimen Buchstaben

Das Ogam Alphabet lässt sich unterteilen in fünf Sätze, genannt *aicme* („Stamm" oder „Familie"), zu denen jeweils fünf Buchstaben gehören. Jeder Satz trägt den Namen des ersten oder „Haupt"-Buchstaben, und auch die übrigen Buchstaben besitzen eigene Namen, von denen die meisten sich bestimmten Bäumen zuordnen lassen (daher kommt auch die Annahme, dass das Ogam ein „Baum-Alphabet" sei). Die Sequenzen unterscheiden sich leicht von Version zu Version, und die Liste auf Seite 15 habe ich aus verschiedenen Texten zusammengestellt. Die Ogam-Buchstaben der linken Spalte beschreiben eine Kombination von Zeilen, die sich über eine vertikale Linie oder eine „Strophe" erstrecken.

Die Verbindung der einzelnen Buchstaben zu je einem Baum hat einige Kommentatoren auf die Idee gebracht, sie bildeten die Grundlage eines Jahreskreises, weshalb das Ogam bisweilen auch als ein Baumkalender bezeichnet wird. Das können wir glauben oder nicht, es ist nur ein Teil des Gesamtbildes - das System der Übereinstimmungen ist nämlich weitaus größer und komple-

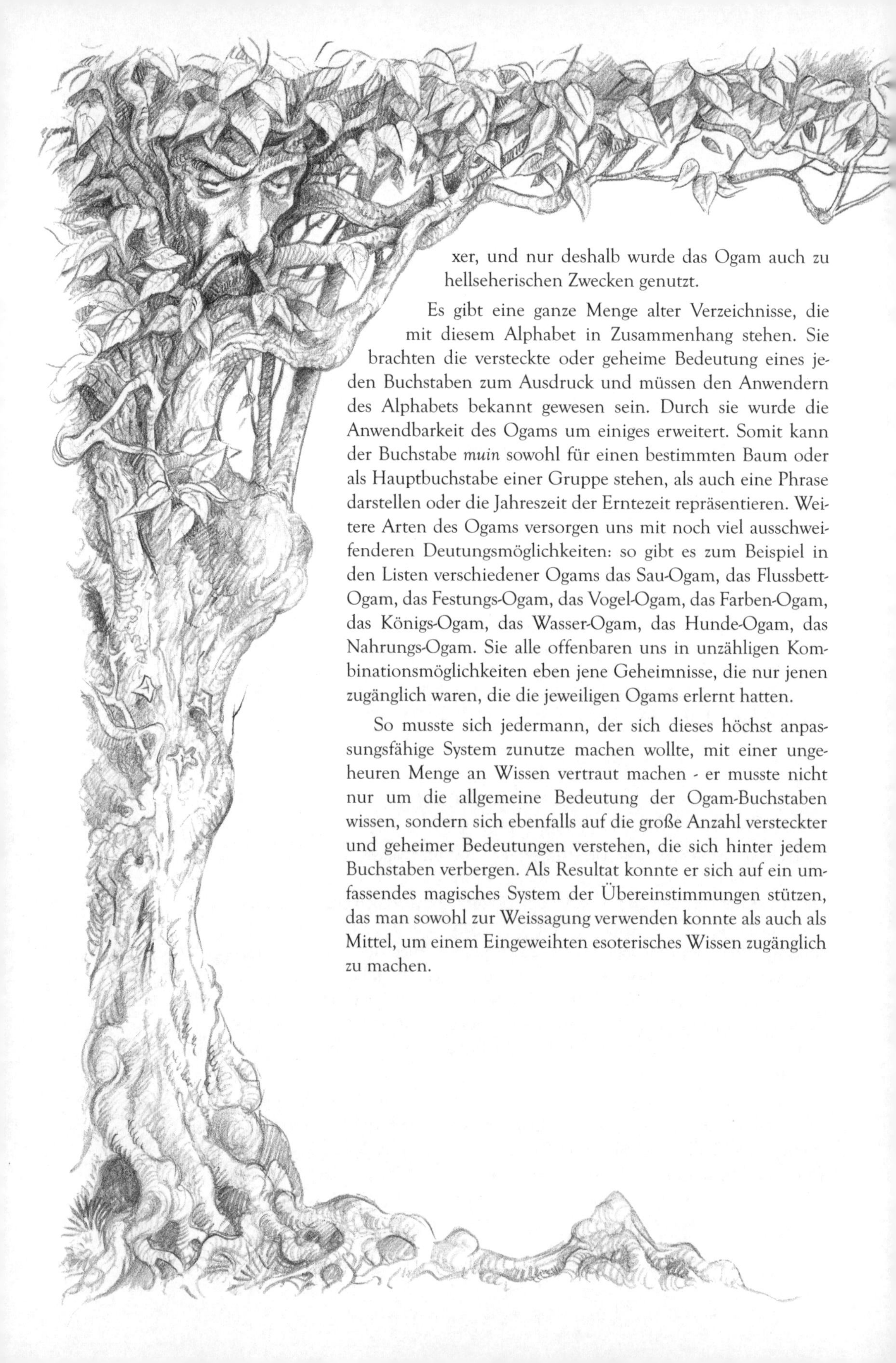

xer, und nur deshalb wurde das Ogam auch zu hellseherischen Zwecken genutzt.

Es gibt eine ganze Menge alter Verzeichnisse, die mit diesem Alphabet in Zusammenhang stehen. Sie brachten die versteckte oder geheime Bedeutung eines jeden Buchstaben zum Ausdruck und müssen den Anwendern des Alphabets bekannt gewesen sein. Durch sie wurde die Anwendbarkeit des Ogams um einiges erweitert. Somit kann der Buchstabe *muin* sowohl für einen bestimmten Baum oder als Hauptbuchstabe einer Gruppe stehen, als auch eine Phrase darstellen oder die Jahreszeit der Erntezeit repräsentieren. Weitere Arten des Ogams versorgen uns mit noch viel ausschweifenderen Deutungsmöglichkeiten: so gibt es zum Beispiel in den Listen verschiedener Ogams das Sau-Ogam, das Flussbett-Ogam, das Festungs-Ogam, das Vogel-Ogam, das Farben-Ogam, das Königs-Ogam, das Wasser-Ogam, das Hunde-Ogam, das Nahrungs-Ogam. Sie alle offenbaren uns in unzähligen Kombinationsmöglichkeiten eben jene Geheimnisse, die nur jenen zugänglich waren, die die jeweiligen Ogams erlernt hatten.

So musste sich jedermann, der sich dieses höchst anpassungsfähige System zunutze machen wollte, mit einer ungeheuren Menge an Wissen vertraut machen - er musste nicht nur um die allgemeine Bedeutung der Ogam-Buchstaben wissen, sondern sich ebenfalls auf die große Anzahl versteckter und geheimer Bedeutungen verstehen, die sich hinter jedem Buchstaben verbergen. Als Resultat konnte er sich auf ein umfassendes magisches System der Übereinstimmungen stützen, das man sowohl zur Weissagung verwenden konnte als auch als Mittel, um einem Eingeweihten esoterisches Wissen zugänglich zu machen.

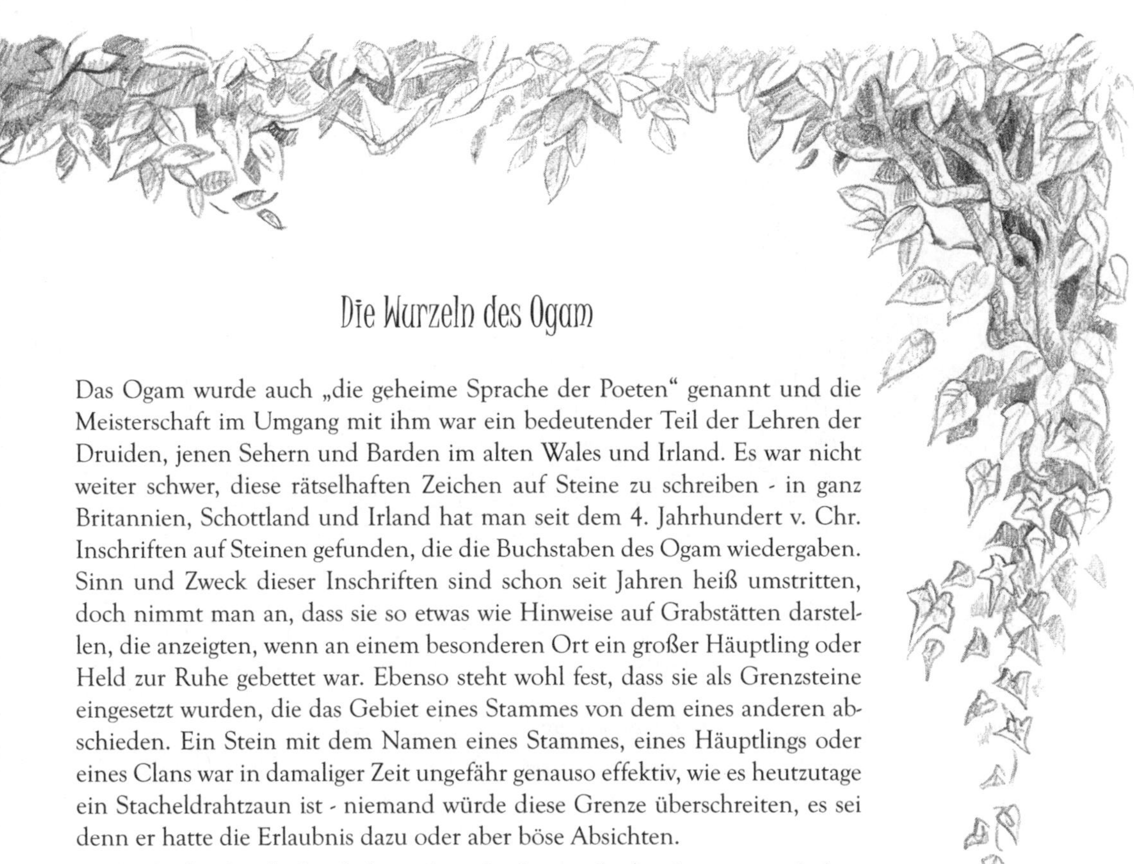

## Die Wurzeln des Ogam

Das Ogam wurde auch „die geheime Sprache der Poeten“ genannt und die Meisterschaft im Umgang mit ihm war ein bedeutender Teil der Lehren der Druiden, jenen Sehern und Barden im alten Wales und Irland. Es war nicht weiter schwer, diese rätselhaften Zeichen auf Steine zu schreiben - in ganz Britannien, Schottland und Irland hat man seit dem 4. Jahrhundert v. Chr. Inschriften auf Steinen gefunden, die die Buchstaben des Ogam wiedergaben. Sinn und Zweck dieser Inschriften sind schon seit Jahren heiß umstritten, doch nimmt man an, dass sie so etwas wie Hinweise auf Grabstätten darstellen, die anzeigten, wenn an einem besonderen Ort ein großer Häuptling oder Held zur Ruhe gebettet war. Ebenso steht wohl fest, dass sie als Grenzsteine eingesetzt wurden, die das Gebiet eines Stammes von dem eines anderen abschieden. Ein Stein mit dem Namen eines Stammes, eines Häuptlings oder eines Clans war in damaliger Zeit ungefähr genauso effektiv, wie es heutzutage ein Stacheldrahtzaun ist - niemand würde diese Grenze überschreiten, es sei denn er hatte die Erlaubnis dazu oder aber böse Absichten.

Doch die Geschichte hält noch mehr bereit als das. In einigen frühen irischen Texten haben die Buchstaben einen mythologischen Status, darunter auch das *Buch von Ballymote*, welches (obwohl es erst im Mittelalter zusammengestellt wurde) von noch viel älteren Tagen berichtet. Eine Schlüsselpassage lautet wie folgt:

> *An welchem Ort, zu welcher Zeit, von welcher Person und zu welchem Zweck wurde das Ogam erfunden? Das ist nicht schwer zu beantworten. Der Ort: Hibernia insula quam nos Scoti habitamus [Hibernia, jene Insel, auf der wir Schotten - bzw. wir Iren - leben]. Zur Zeit des Bres, Sohn des Elata, des König von Irland wurde es erfunden. Sein Erfinder war Ogma, Sohn des Elatha, Sohn des Delbeath, Bruder des Bres... Ogma, welcher hoch begabt war in der Kunst der Sprache und der Poesie, erfand das Ogam. Der Zweck dieser Erfindung war ein Beweis seiner Genialität und seine Sprache sollte nur den Gelehrten verständlich sein, nicht aber den Bauern und Schafhirten... Ogma ist der Vater des Ogam, seine Mutter ist Ogmas Hand oder Messer.*

Hier erfahren wir, dass das Ogam tatsächlich nur für die gelehrte, edle Oberschicht gedacht war - vermutlich die Druiden - und nicht für das einfache Volk, und dass es von Ogma erfunden worden ist, dessen Stammbaum ihn als Prinzen und Menschensohn ausweist. Doch Hinweise auf diese Figur sind auch anderswo zu finden, und aus ihnen geht hervor, dass er ganz und

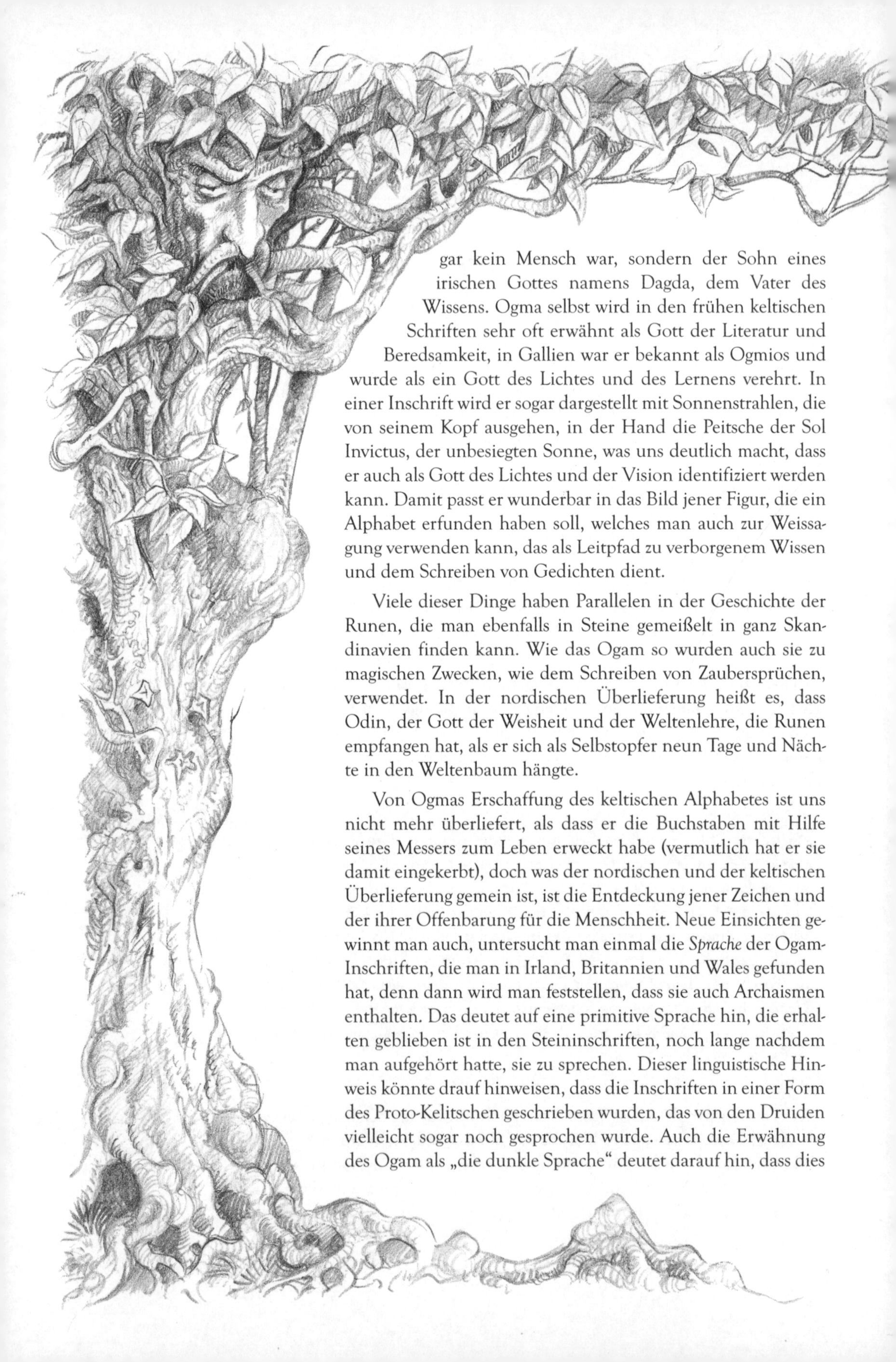

gar kein Mensch war, sondern der Sohn eines irischen Gottes namens Dagda, dem Vater des Wissens. Ogma selbst wird in den frühen keltischen Schriften sehr oft erwähnt als Gott der Literatur und Beredsamkeit, in Gallien war er bekannt als Ogmios und wurde als ein Gott des Lichtes und des Lernens verehrt. In einer Inschrift wird er sogar dargestellt mit Sonnenstrahlen, die von seinem Kopf ausgehen, in der Hand die Peitsche der Sol Invictus, der unbesiegten Sonne, was uns deutlich macht, dass er auch als Gott des Lichtes und der Vision identifiziert werden kann. Damit passt er wunderbar in das Bild jener Figur, die ein Alphabet erfunden haben soll, welches man auch zur Weissagung verwenden kann, das als Leitpfad zu verborgenem Wissen und dem Schreiben von Gedichten dient.

Viele dieser Dinge haben Parallelen in der Geschichte der Runen, die man ebenfalls in Steine gemeißelt in ganz Skandinavien finden kann. Wie das Ogam so wurden auch sie zu magischen Zwecken, wie dem Schreiben von Zaubersprüchen, verwendet. In der nordischen Überlieferung heißt es, dass Odin, der Gott der Weisheit und der Weltenlehre, die Runen empfangen hat, als er sich als Selbstopfer neun Tage und Nächte in den Weltenbaum hängte.

Von Ogmas Erschaffung des keltischen Alphabetes ist uns nicht mehr überliefert, als dass er die Buchstaben mit Hilfe seines Messers zum Leben erweckt habe (vermutlich hat er sie damit eingekerbt), doch was der nordischen und der keltischen Überlieferung gemein ist, ist die Entdeckung jener Zeichen und der ihrer Offenbarung für die Menschheit. Neue Einsichten gewinnt man auch, untersucht man einmal die *Sprache* der Ogam-Inschriften, die man in Irland, Britannien und Wales gefunden hat, denn dann wird man feststellen, dass sie auch Archaismen enthalten. Das deutet auf eine primitive Sprache hin, die erhalten geblieben ist in den Steininschriften, noch lange nachdem man aufgehört hatte, sie zu sprechen. Dieser linguistische Hinweis könnte drauf hinweisen, dass die Inschriften in einer Form des Proto-Kelitschen geschrieben wurden, das von den Druiden vielleicht sogar noch gesprochen wurde. Auch die Erwähnung des Ogam als „die dunkle Sprache“ deutet darauf hin, dass dies

# Das Ogam Alphabet

| Aicme | Ogam Buchstabe | Name | Röm. Buchstabe | Baum | Bedeutung im Orakel |
|---|---|---|---|---|---|
| Aicme of Beith | ᚁ | Beith | B | Birke | Neubeginn |
| | ᚂ | Luis | L | Eberesche | Schutz |
| | ᚃ | Fearn | F | Erle | Verteidigung |
| | ᚄ | Saille | S | Weide | Harmonie/Inspiration |
| | ᚅ | Nuin | N | Esche | Stärke |
| Aicme of Huath | ᚆ | Huath | H | Weißdorn | Herausforderung |
| | ᚇ | Duir | D | Eiche | Schicksal |
| | ᚈ | Tinne | T | Stechpalme | Energie |
| | ᚉ | Coll | C | Haselnuss | Weisheit |
| | ᚊ | Quert | Q | Apfelbaum | Vision |
| Aicme of Muin | ᚋ | Muin | M | Brombeere | Ernte |
| | ᚌ | Gort | G | Efeu | Unterstützung |
| | ᚍ | Ngetal | NG | Farn | Bewahrung |
| | ᚎ | Straif | ST | Schlehdorn | Magische Kraft |
| | ᚏ | Ruis | R | Holunder | Opfer |
| Aicme of Ailm | ᚐ | Ailm | A | Kiefer | Überblick |
| | ᚑ | Onn | O | Stechginster | Fruchtbarkeit |
| | ᚒ | Ur | U | Heidekraut | Glück |
| | ᚓ | Edadh | E | Pappel | Bewegung |
| | ᚔ | Idho | I | Eibe | Beharrlichkeit |
| Aicme of Eabhadh | ᚕ | Eabhadh | EA | Espe | Sammeln |
| | ᚖ | Oir | OI | Spindelstrauch | Schicksal |
| | ᚗ | Uinllean | UI | Geißblatt | Magie |
| | ᚘ | Ifin | IO | Stachelbeere | Ahnenweisheit |
| | ᚙ | Phagos | AI | Buche | Übergang |

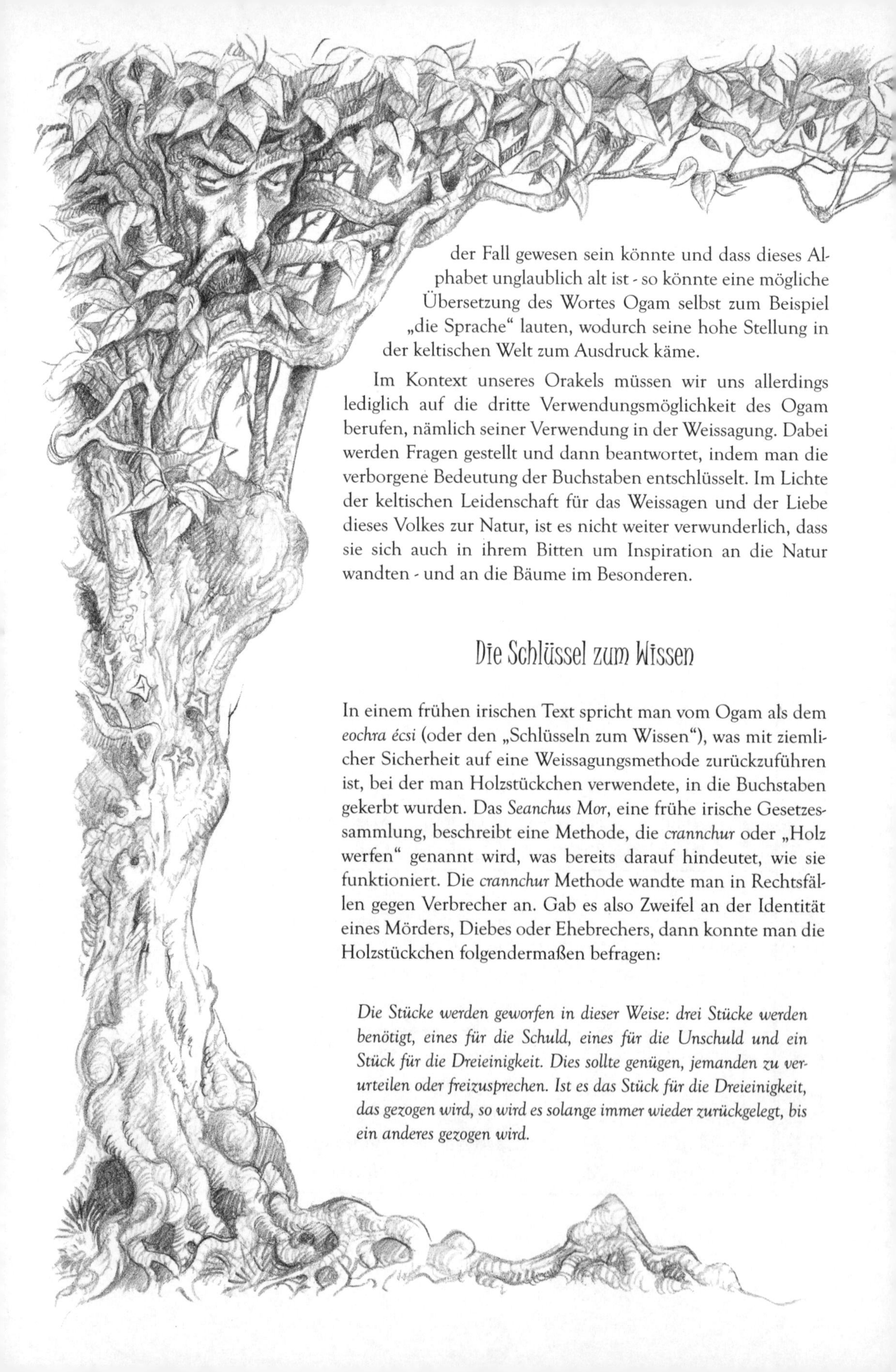

der Fall gewesen sein könnte und dass dieses Alphabet unglaublich alt ist - so könnte eine mögliche Übersetzung des Wortes Ogam selbst zum Beispiel „die Sprache“ lauten, wodurch seine hohe Stellung in der keltischen Welt zum Ausdruck käme.

Im Kontext unseres Orakels müssen wir uns allerdings lediglich auf die dritte Verwendungsmöglichkeit des Ogam berufen, nämlich seiner Verwendung in der Weissagung. Dabei werden Fragen gestellt und dann beantwortet, indem man die verborgene Bedeutung der Buchstaben entschlüsselt. Im Lichte der keltischen Leidenschaft für das Weissagen und der Liebe dieses Volkes zur Natur, ist es nicht weiter verwunderlich, dass sie sich auch in ihrem Bitten um Inspiration an die Natur wandten - und an die Bäume im Besonderen.

## Die Schlüssel zum Wissen

In einem frühen irischen Text spricht man vom Ogam als dem *eochra écsi* (oder den „Schlüsseln zum Wissen“), was mit ziemlicher Sicherheit auf eine Weissagungsmethode zurückzuführen ist, bei der man Holzstückchen verwendete, in die Buchstaben gekerbt wurden. Das *Seanchus Mor*, eine frühe irische Gesetzessammlung, beschreibt eine Methode, die *crannchur* oder „Holz werfen“ genannt wird, was bereits darauf hindeutet, wie sie funktioniert. Die *crannchur* Methode wandte man in Rechtsfällen gegen Verbrecher an. Gab es also Zweifel an der Identität eines Mörders, Diebes oder Ehebrechers, dann konnte man die Holzstückchen folgendermaßen befragen:

*Die Stücke werden geworfen in dieser Weise: drei Stücke werden benötigt, eines für die Schuld, eines für die Unschuld und ein Stück für die Dreieinigkeit. Dies sollte genügen, jemanden zu verurteilen oder freizusprechen. Ist es das Stück für die Dreieinigkeit, das gezogen wird, so wird es solange immer wieder zurückgelegt, bis ein anderes gezogen wird.*

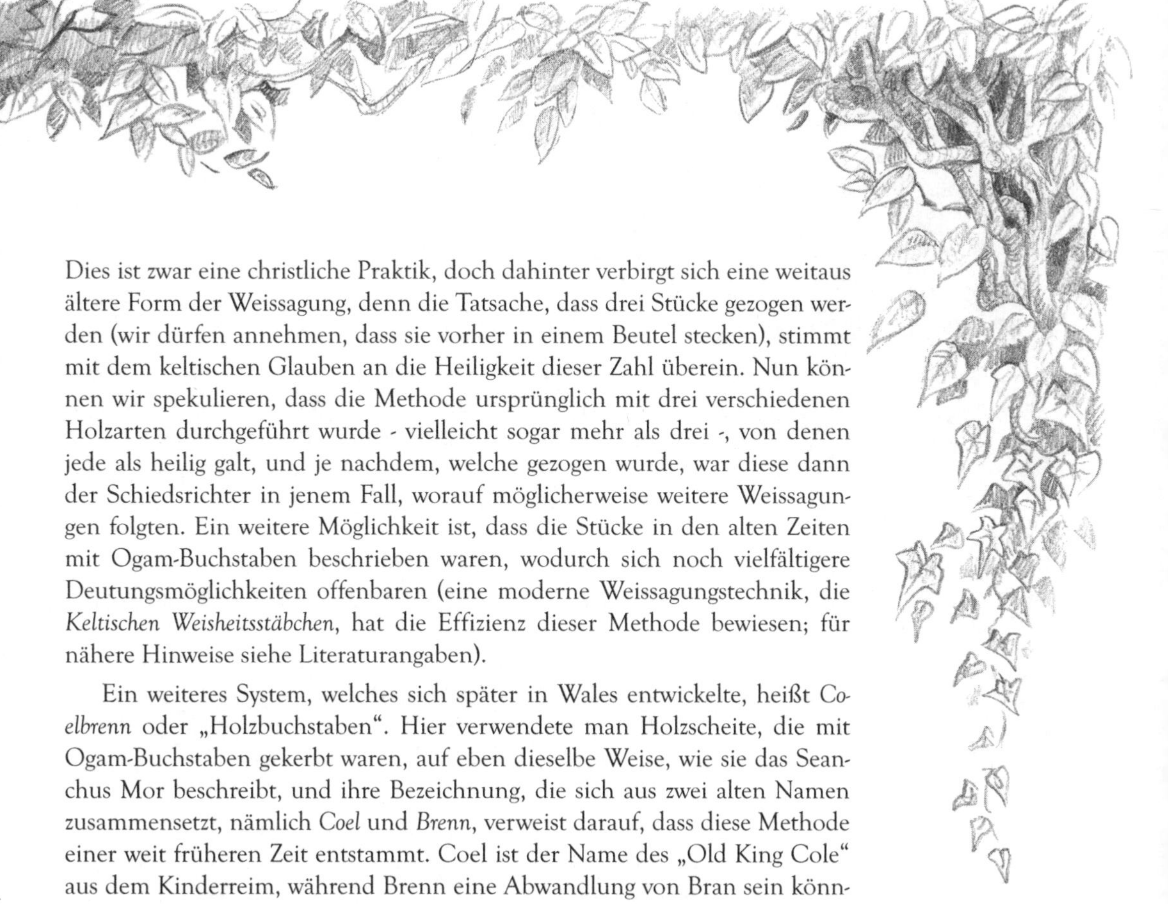

Dies ist zwar eine christliche Praktik, doch dahinter verbirgt sich eine weitaus ältere Form der Weissagung, denn die Tatsache, dass drei Stücke gezogen werden (wir dürfen annehmen, dass sie vorher in einem Beutel stecken), stimmt mit dem keltischen Glauben an die Heiligkeit dieser Zahl überein. Nun können wir spekulieren, dass die Methode ursprünglich mit drei verschiedenen Holzarten durchgeführt wurde - vielleicht sogar mehr als drei -, von denen jede als heilig galt, und je nachdem, welche gezogen wurde, war diese dann der Schiedsrichter in jenem Fall, worauf möglicherweise weitere Weissagungen folgten. Ein weitere Möglichkeit ist, dass die Stücke in den alten Zeiten mit Ogam-Buchstaben beschrieben waren, wodurch sich noch vielfältigere Deutungsmöglichkeiten offenbaren (eine moderne Weissagungstechnik, die *Keltischen Weisheitsstäbchen*, hat die Effizienz dieser Methode bewiesen; für nähere Hinweise siehe Literaturangaben).

Ein weiteres System, welches sich später in Wales entwickelte, heißt *Coelbrenn* oder „Holzbuchstaben". Hier verwendete man Holzscheite, die mit Ogam-Buchstaben gekerbt waren, auf eben dieselbe Weise, wie sie das Seanchus Mor beschreibt, und ihre Bezeichnung, die sich aus zwei alten Namen zusammensetzt, nämlich *Coel* und *Brenn*, verweist darauf, dass diese Methode einer weit früheren Zeit entstammt. Coel ist der Name des „Old King Cole" aus dem Kinderreim, während Brenn eine Abwandlung von Bran sein könnte, dem keltischen Gott der Beredsamkeit und der Inspiration, oder aber eine Variante von *Brennin* („König") ist.

Fasst man all diese Hinweise einmal zusammen, entsteht ein ganz brauchbares Bild davon, wie das Ogam in den alten Zeiten zur Weissagung verwendet wurde. Das Keltische Orakel fußt ganz bewusst auf diesen Überlieferungen, und die Karten nehmen den Platz der Stäbchen und *Coelbrenn* ein. Die Darstellungen auf den Karten spiegeln so genau wie möglich die Bedeutung wider, die den Ogam-Buchstaben selbst sowie auch der Weisheit der Bäume zugeschrieben wird, und bieten eine zeitgemäße Methode, Fragen zu stellen und Antworten zu erhalten, die sich auf ein ursprüngliches, altes System begründen.

## Die Himmelsachse

Neben dem Ogam und über dieses hinausgehend bildete auch die Baumkunde einen wichtigen Teil der keltischen Tradition. Überall in der Welt wurden seit jeher bestimmte Bäume verehrt, und bei einigen Völkern wurden so manchem Baum besondere magische Fähigkeiten zugesprochen. Diese Bäume re-

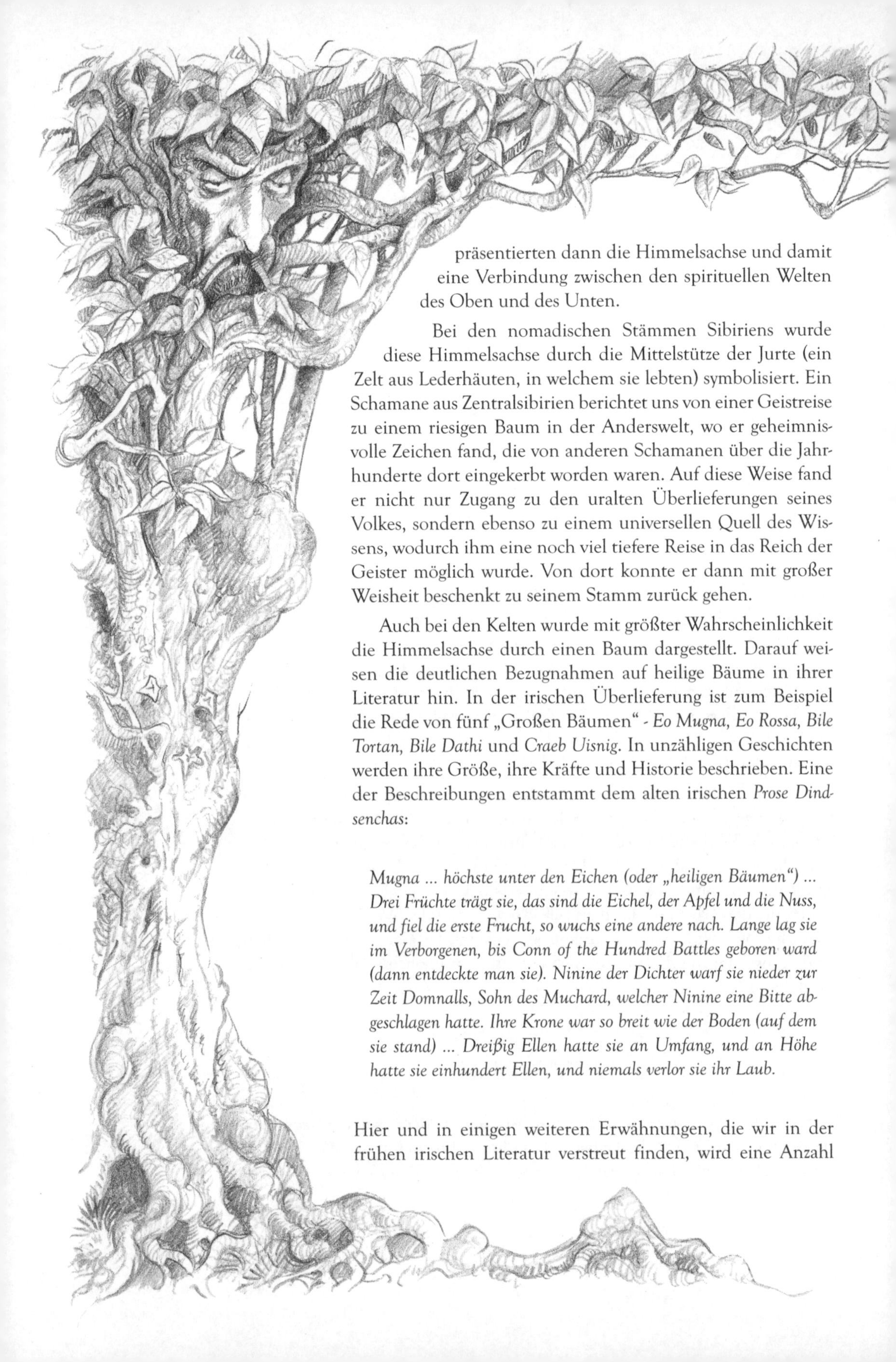

präsentierten dann die Himmelsachse und damit eine Verbindung zwischen den spirituellen Welten des Oben und des Unten.

Bei den nomadischen Stämmen Sibiriens wurde diese Himmelsachse durch die Mittelstütze der Jurte (ein Zelt aus Lederhäuten, in welchem sie lebten) symbolisiert. Ein Schamane aus Zentralsibirien berichtet uns von einer Geistreise zu einem riesigen Baum in der Anderswelt, wo er geheimnisvolle Zeichen fand, die von anderen Schamanen über die Jahrhunderte dort eingekerbt worden waren. Auf diese Weise fand er nicht nur Zugang zu den uralten Überlieferungen seines Volkes, sondern ebenso zu einem universellen Quell des Wissens, wodurch ihm eine noch viel tiefere Reise in das Reich der Geister möglich wurde. Von dort konnte er dann mit großer Weisheit beschenkt zu seinem Stamm zurück gehen.

Auch bei den Kelten wurde mit größter Wahrscheinlichkeit die Himmelsachse durch einen Baum dargestellt. Darauf weisen die deutlichen Bezugnahmen auf heilige Bäume in ihrer Literatur hin. In der irischen Überlieferung ist zum Beispiel die Rede von fünf „Großen Bäumen" - *Eo Mugna, Eo Rossa, Bile Tortan, Bile Dathi* und *Craeb Uisnig*. In unzähligen Geschichten werden ihre Größe, ihre Kräfte und Historie beschrieben. Eine der Beschreibungen entstammt dem alten irischen *Prose Dindsenchas*:

> *Mugna ... höchste unter den Eichen (oder „heiligen Bäumen") ... Drei Früchte trägt sie, das sind die Eichel, der Apfel und die Nuss, und fiel die erste Frucht, so wuchs eine andere nach. Lange lag sie im Verborgenen, bis Conn of the Hundred Battles geboren ward (dann entdeckte man sie). Ninine der Dichter warf sie nieder zur Zeit Domnalls, Sohn des Muchard, welcher Ninine eine Bitte abgeschlagen hatte. Ihre Krone war so breit wie der Boden (auf dem sie stand) ... Dreißig Ellen hatte sie an Umfang, und an Höhe hatte sie einhundert Ellen, und niemals verlor sie ihr Laub.*

Hier und in einigen weiteren Erwähnungen, die wir in der frühen irischen Literatur verstreut finden, wird eine Anzahl

heiliger Bäume beschrieben, von denen jeder einzelne auch in den Ogam-Listen auftaucht und dort einem eigenen Wächter zugeordnet ist. Die heiligen Bäume scheint es mindestens bis ins Mittelalter hinein gegeben zu haben, wo sie dann jedoch entweder von christlichen Missionaren zerstört oder aber von ihren eigenen Wächtern gefällt wurden, wodurch diese deren spirituelles Fortbestehen sichern wollten. Alle Hinweise deuten darauf hin, dass man sie als Kosmische Bäume verstand, wie man sie in den kosmologischen Mythen aus aller Welt wiederfinden kann.

## Heilige Haine

Wenn ein einzelner Baum schon große Macht besaß, wie viel mehr besaß dann ein ganzer Wald? Das Ogam und die Runen offenbaren uns das Wald-Wissen, während die Wälder selbst als lebendige Verkörperung der Erinnerung betrachtet werden. Die Wälder nehmen alles auf, was in ihnen geschieht, und sie bewahren es auf und halten es bereit für jene, die ihrem Geheimnis auf die Spur kommen. Vielleicht haben aus diesem Grunde die Menschen der alten Zeit immer wieder Baumhaine ausgewählt, wenn sie beteten und opferten. Die Überlieferung der Heiligen Haine oder *nemeton* ist in großen Teilen der westlichen Welt weit verbreitet. In Zentral-Kleinasien hielten die Vorfahren der Gallier um 260 v. Chr. einen großen Rat ab an einem Ort, der als Drunemeton bekannt ist, der „Hauptnemeton oder oberster Heiliger Ort"; später zu Caesars Zeiten hieß es, die britischen Druiden träfen sich einmal im Jahr im Lande der Carnuten, welches als Zentrum Galliens galt. Anscheinend haben sämtliche keltischen Stämme einen solchen heiligen Versammlungsort gehabt, der entweder von einem Baum oder einer Steinsäule geschmückt war. Tacitus schreibt in seiner Germania: „Der Hain bildet das Zentrum ihrer gesamten Religion. Er gilt als die Wiege des Stammes und als Heim des obersten Gottes, welchem alle Dinge untergeben und gehorsam sind."

Bedeutende Persönlichkeiten wurden von den alten Iren oft metaphorisch als Bäume beschrieben. Einer der Dichtergrade, die ein Barde während seiner Ausbildung absolvierte, hieß *cli* oder „Haus-Säule". Damit zählte der Schüler zu jenen, die teilhaben an der Natur des Baumes, er war „stark und aufrecht, er vermag zu erhöhen und ist selbst erhöht, er beschützt und ist selbst beschützt, er ist kraftvoll von der Wurzel bis zur Krone. Ebenso verhält es sich im Hause der Dichtkunst mit dem diesem Grad geweihten: seine Kunst ist kraftvoll, sein Urteil ist aufrecht im Kreise seiner Berufung."

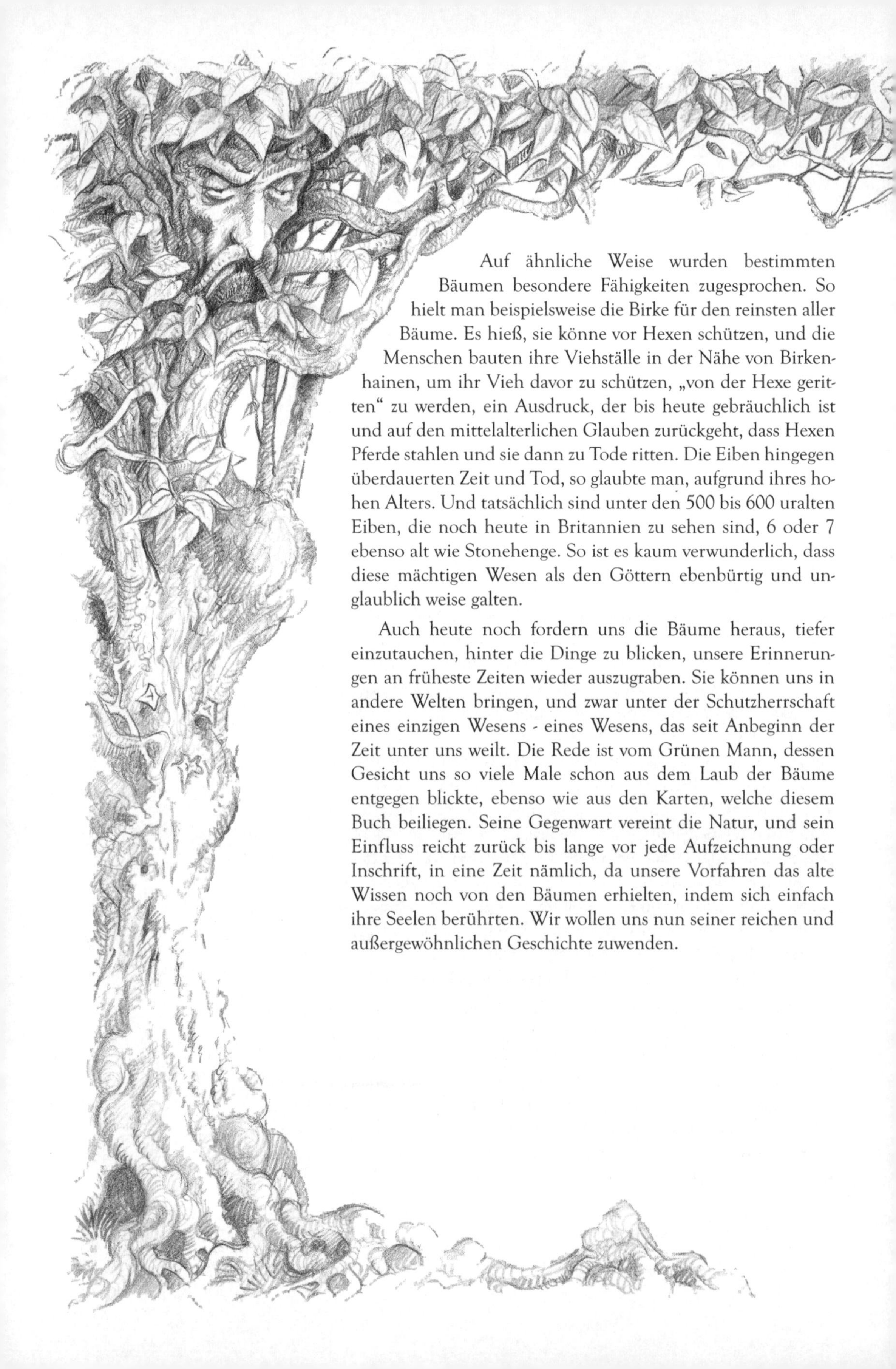

Auf ähnliche Weise wurden bestimmten Bäumen besondere Fähigkeiten zugesprochen. So hielt man beispielsweise die Birke für den reinsten aller Bäume. Es hieß, sie könne vor Hexen schützen, und die Menschen bauten ihre Viehställe in der Nähe von Birkenhainen, um ihr Vieh davor zu schützen, „von der Hexe geritten" zu werden, ein Ausdruck, der bis heute gebräuchlich ist und auf den mittelalterlichen Glauben zurückgeht, dass Hexen Pferde stahlen und sie dann zu Tode ritten. Die Eiben hingegen überdauerten Zeit und Tod, so glaubte man, aufgrund ihres hohen Alters. Und tatsächlich sind unter den 500 bis 600 uralten Eiben, die noch heute in Britannien zu sehen sind, 6 oder 7 ebenso alt wie Stonehenge. So ist es kaum verwunderlich, dass diese mächtigen Wesen als den Göttern ebenbürtig und unglaublich weise galten.

Auch heute noch fordern uns die Bäume heraus, tiefer einzutauchen, hinter die Dinge zu blicken, unsere Erinnerungen an früheste Zeiten wieder auszugraben. Sie können uns in andere Welten bringen, und zwar unter der Schutzherrschaft eines einzigen Wesens - eines Wesens, das seit Anbeginn der Zeit unter uns weilt. Die Rede ist vom Grünen Mann, dessen Gesicht uns so viele Male schon aus dem Laub der Bäume entgegen blickte, ebenso wie aus den Karten, welche diesem Buch beiliegen. Seine Gegenwart vereint die Natur, und sein Einfluss reicht zurück bis lange vor jede Aufzeichnung oder Inschrift, in eine Zeit nämlich, da unsere Vorfahren das alte Wissen noch von den Bäumen erhielten, indem sich einfach ihre Seelen berührten. Wir wollen uns nun seiner reichen und außergewöhnlichen Geschichte zuwenden.

# Alte irische Wort-Ogams

TABELLEN WIE DIESE OFFENBARTEN DEN SEHERN
DIE GEHEIME BEDEUTUNG DER OGAM BUCHSTABEN.

|  |  |  |
|---|---|---|
| ᚁ | Feocus foltchain | Welker Stamm und glänzendes Haar |
| ᚂ | Li sula | Zur Freude der Augen |
| ᚃ | Airinach fian | Das Schild des Kriegers |
| ᚄ | Li n-aimbi | Die Blässe der Leblosen |
| ᚅ | Corsdad sida | Den Frieden sichern |
| ᚆ | Conal cuan | Ein Wolfsrudel |
| ᚇ | Ardam dossaibh | Der höchste unter den Büschen |
| ᚈ | Trian | Dreifach |
| ᚉ | Cainiu fedaib | Schönster unter den Bäumen |
| ᚊ | Clithar mbaiscaill | Unterschlupf der Hirschkuh |
| ᚋ | Tresim fedma | Die größte aller Mühen |
| ᚌ | Millsiu feraib | Süßer als das Gras |
| ᚍ | Luth legha | Die Kraft eines Arztes |
| ᚎ | Tresim ruamna | Die Stärke des Roten |
| ᚏ | Tinnem ruccae | Die heftigste Schamröte |
| ᚐ | Ardam iactadh | Das lauteste Stöhnen |
| ᚑ | Congnamaid echraide | Helfer der Pferde |
| ᚒ | Uaraib adbaib | In kalten Wohnungen |
| ᚓ | Ergnaid fid | Verschiedenes Holz |
| ᚔ | Siniu fedhaib | Der älteste aller Wälder |
| ᚕ | Snamchain feda | Der beste Schwimmer unter den Hölzern |
| ᚖ | Sruitem aicdi | Ehrwürdigste aller Konstruktionen |
| ᚗ | Tutmur fid uilleann | Tief im Saft steht das Geißblatt |
| ᚘ | Millsim feda | Süßestes aller Hölzer |
| ᚚ | Luad saethaig | Das Antlitz eines Erschöpften |

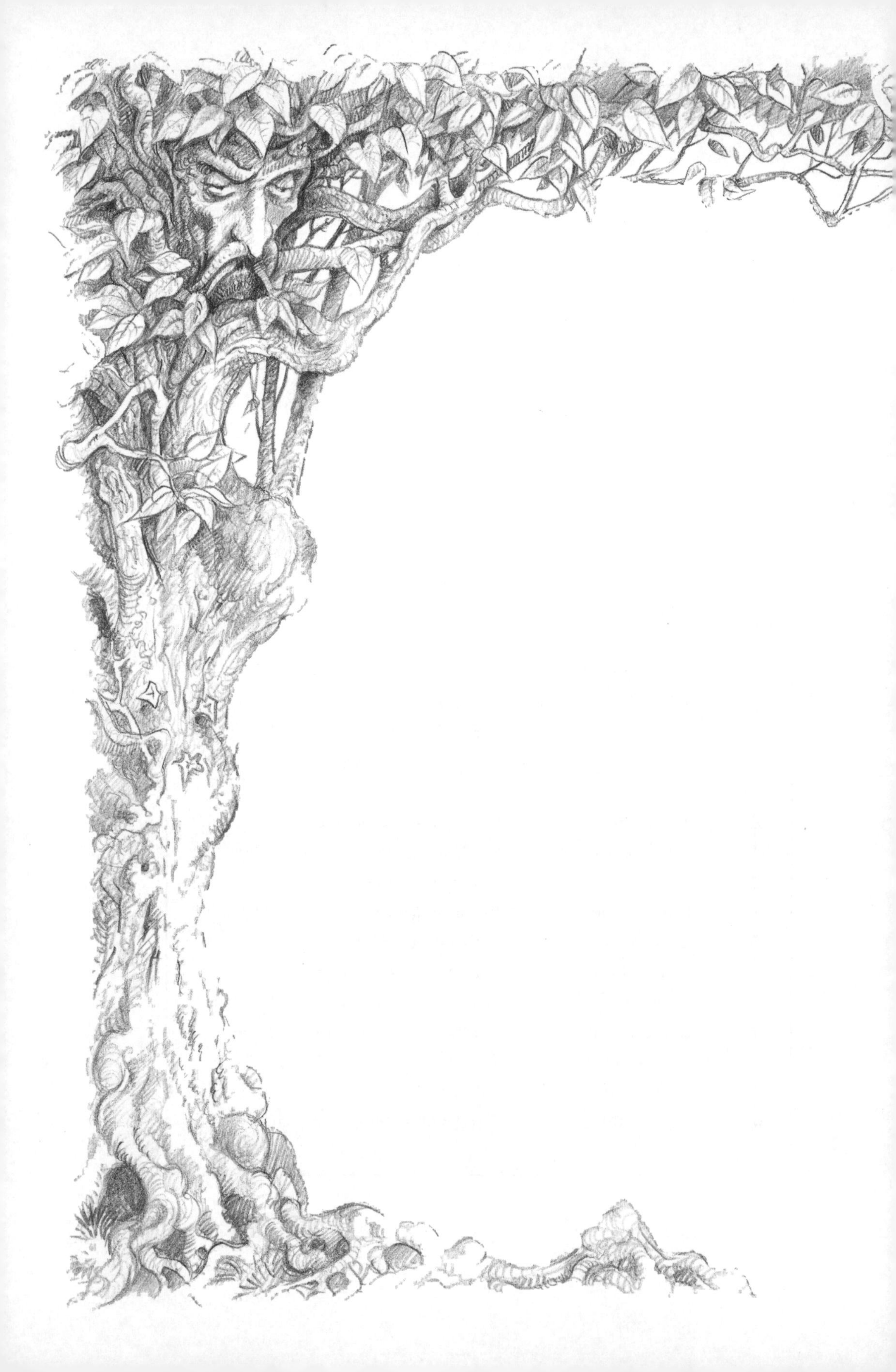

Kapitel 2

# Der Grüne Mann

## Eine Verkörperung der Natur

*Er eilt durch den Wald,*
*Laub behangen, wild durchs Gehölz,*
*Blumen haben sich in seinem Haar verfangen,*
*bekränzt mit Lorbeer und Efeu*
*grinst der Grüne Narr aus jedem Stein und Baum.*

Heather Harrison, *Green Man*

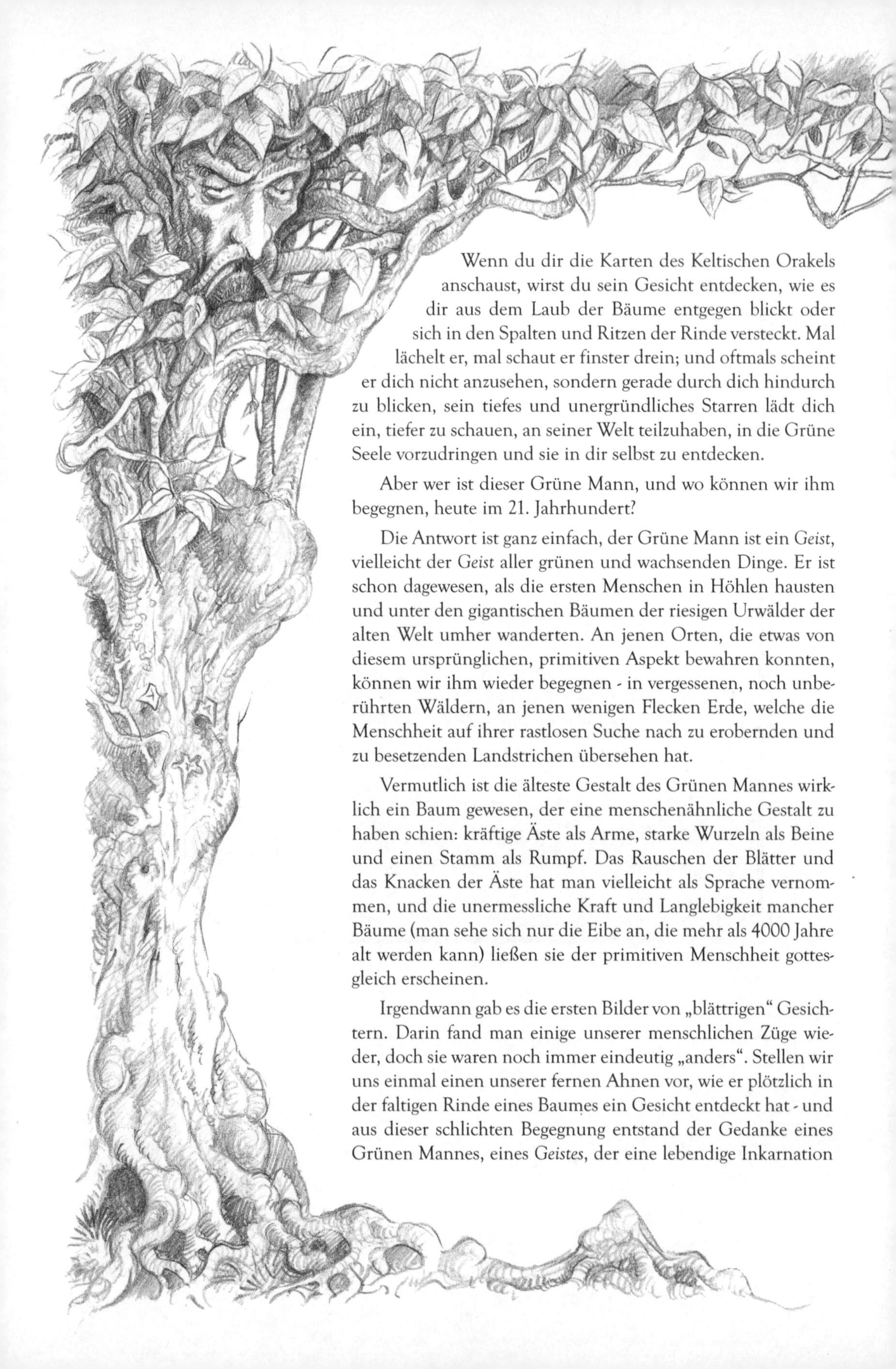

Wenn du dir die Karten des Keltischen Orakels anschaust, wirst du sein Gesicht entdecken, wie es dir aus dem Laub der Bäume entgegen blickt oder sich in den Spalten und Ritzen der Rinde versteckt. Mal lächelt er, mal schaut er finster drein; und oftmals scheint er dich nicht anzusehen, sondern gerade durch dich hindurch zu blicken, sein tiefes und unergründliches Starren lädt dich ein, tiefer zu schauen, an seiner Welt teilzuhaben, in die Grüne Seele vorzudringen und sie in dir selbst zu entdecken.

Aber wer ist dieser Grüne Mann, und wo können wir ihm begegnen, heute im 21. Jahrhundert?

Die Antwort ist ganz einfach, der Grüne Mann ist ein *Geist*, vielleicht der *Geist* aller grünen und wachsenden Dinge. Er ist schon dagewesen, als die ersten Menschen in Höhlen hausten und unter den gigantischen Bäumen der riesigen Urwälder der alten Welt umher wanderten. An jenen Orten, die etwas von diesem ursprünglichen, primitiven Aspekt bewahren konnten, können wir ihm wieder begegnen - in vergessenen, noch unberührten Wäldern, an jenen wenigen Flecken Erde, welche die Menschheit auf ihrer rastlosen Suche nach zu erobernden und zu besetzenden Landstrichen übersehen hat.

Vermutlich ist die älteste Gestalt des Grünen Mannes wirklich ein Baum gewesen, der eine menschenähnliche Gestalt zu haben schien: kräftige Äste als Arme, starke Wurzeln als Beine und einen Stamm als Rumpf. Das Rauschen der Blätter und das Knacken der Äste hat man vielleicht als Sprache vernommen, und die unermessliche Kraft und Langlebigkeit mancher Bäume (man sehe sich nur die Eibe an, die mehr als 4000 Jahre alt werden kann) ließen sie der primitiven Menschheit gottesgleich erscheinen.

Irgendwann gab es die ersten Bilder von „blättrigen" Gesichtern. Darin fand man einige unserer menschlichen Züge wieder, doch sie waren noch immer eindeutig „anders". Stellen wir uns einmal einen unserer fernen Ahnen vor, wie er plötzlich in der faltigen Rinde eines Baumes ein Gesicht entdeckt hat - und aus dieser schlichten Begegnung entstand der Gedanke eines Grünen Mannes, eines *Geistes*, der eine lebendige Inkarnation

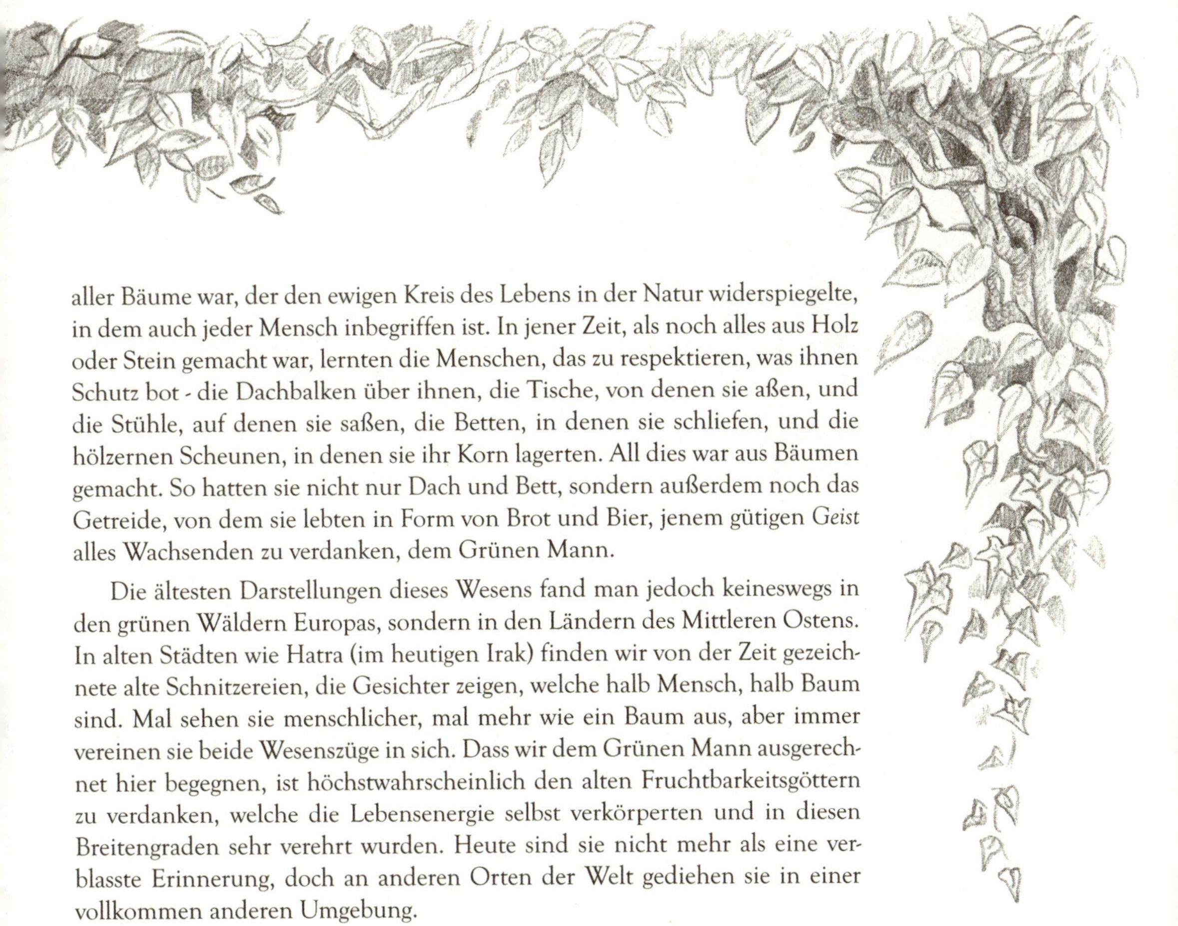

aller Bäume war, der den ewigen Kreis des Lebens in der Natur widerspiegelte, in dem auch jeder Mensch inbegriffen ist. In jener Zeit, als noch alles aus Holz oder Stein gemacht war, lernten die Menschen, das zu respektieren, was ihnen Schutz bot - die Dachbalken über ihnen, die Tische, von denen sie aßen, und die Stühle, auf denen sie saßen, die Betten, in denen sie schliefen, und die hölzernen Scheunen, in denen sie ihr Korn lagerten. All dies war aus Bäumen gemacht. So hatten sie nicht nur Dach und Bett, sondern außerdem noch das Getreide, von dem sie lebten in Form von Brot und Bier, jenem gütigen *Geist* alles Wachsenden zu verdanken, dem Grünen Mann.

Die ältesten Darstellungen dieses Wesens fand man jedoch keineswegs in den grünen Wäldern Europas, sondern in den Ländern des Mittleren Ostens. In alten Städten wie Hatra (im heutigen Irak) finden wir von der Zeit gezeichnete alte Schnitzereien, die Gesichter zeigen, welche halb Mensch, halb Baum sind. Mal sehen sie menschlicher, mal mehr wie ein Baum aus, aber immer vereinen sie beide Wesenszüge in sich. Dass wir dem Grünen Mann ausgerechnet hier begegnen, ist höchstwahrscheinlich den alten Fruchtbarkeitsgöttern zu verdanken, welche die Lebensenergie selbst verkörperten und in diesen Breitengraden sehr verehrt wurden. Heute sind sie nicht mehr als eine verblasste Erinnerung, doch an anderen Orten der Welt gediehen sie in einer vollkommen anderen Umgebung.

## Gesichter im Stein

Es gibt einen großen Zeitsprung, nämlich hinein in die Anfänge des 11. Jahrhunderts, ehe Darstellungen in Europa auftauchten, in denen wir aus heutiger Sicht den Grünen Mann (auch *Foliate Heads*, in etwa „Laubköpfe" genannt) zu entdecken glauben. Dass diese Gesichter in solch einer Quantität auftauchen, deutet darauf hin, dass sie den Menschen schon viel länger bekannt gewesen sein müssen und inzwischen schon vertraute Wesen waren, tief verwurzelt im Bewusstsein der Menschen.

Ein Zusammentreffen besonderer Umstände war für ihr plötzliches Auftauchen zu jener Zeit verantwortlich und bestimmte zu einem gewissen Grad auch die Gestalt, die sie annahmen. Darstellungen vom Grünen Mann machten sich besonders breit, als in Europa in verstärktem Maße die Christianisierung einsetzte. Obwohl der Großteil der westlichen Welt dem Namen nach durchaus unter christlicher Herrschaft stand, existierte neben der strengen Struktur der Kirche eine Welt der Tradition, in der der Glaube des älteren, heidnischen Lebens fortlebte. Das Wort „Heide" bedeutet ganz einfach

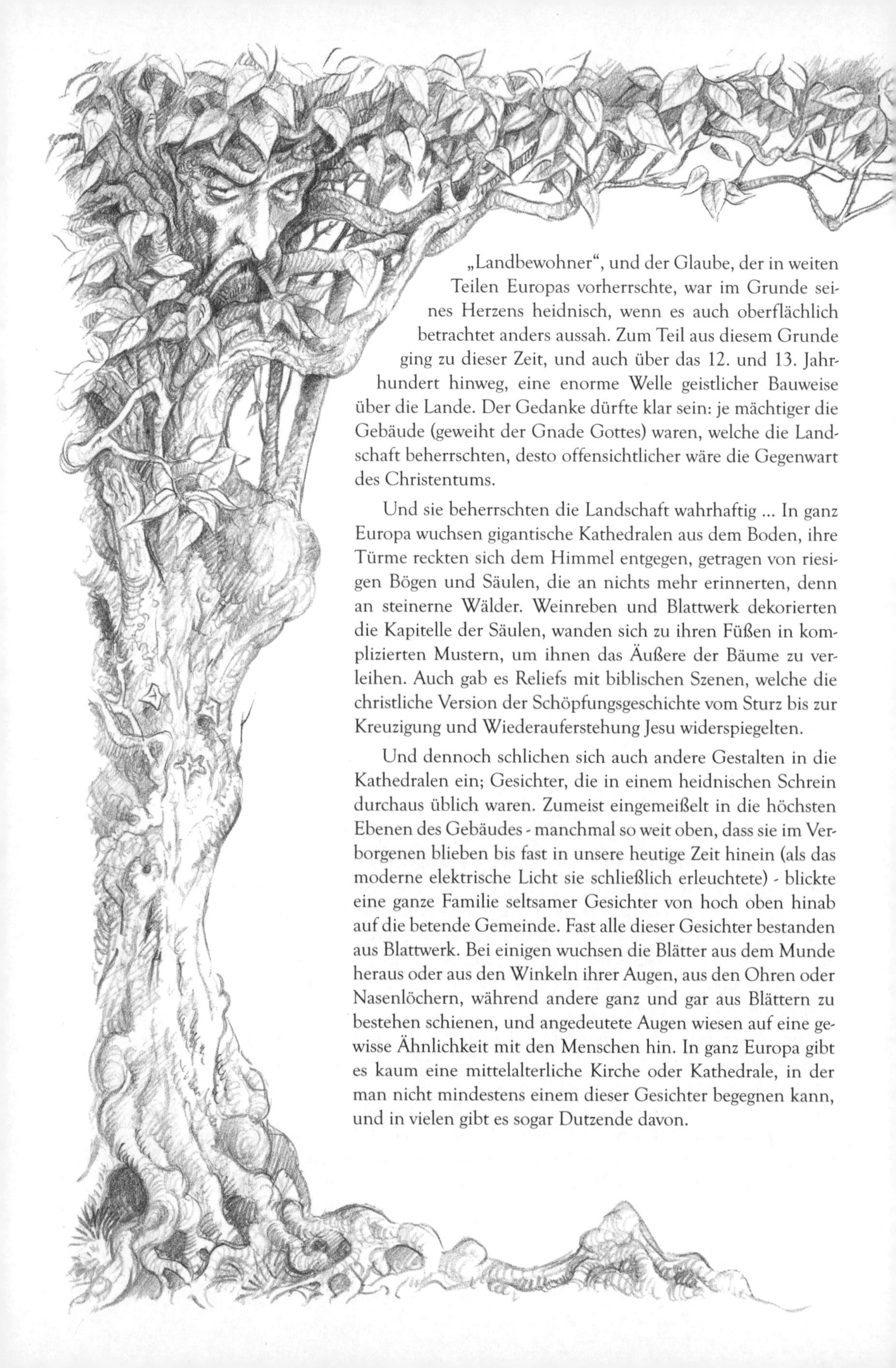

„Landbewohner", und der Glaube, der in weiten Teilen Europas vorherrschte, war im Grunde seines Herzens heidnisch, wenn es auch oberflächlich betrachtet anders aussah. Zum Teil aus diesem Grunde ging zu dieser Zeit, und auch über das 12. und 13. Jahrhundert hinweg, eine enorme Welle geistlicher Bauweise über die Lande. Der Gedanke dürfte klar sein: je mächtiger die Gebäude (geweiht der Gnade Gottes) waren, welche die Landschaft beherrschten, desto offensichtlicher wäre die Gegenwart des Christentums.

Und sie beherrschten die Landschaft wahrhaftig ... In ganz Europa wuchsen gigantische Kathedralen aus dem Boden, ihre Türme reckten sich dem Himmel entgegen, getragen von riesigen Bögen und Säulen, die an nichts mehr erinnerten, denn an steinerne Wälder. Weinreben und Blattwerk dekorierten die Kapitelle der Säulen, wanden sich zu ihren Füßen in komplizierten Mustern, um ihnen das Äußere der Bäume zu verleihen. Auch gab es Reliefs mit biblischen Szenen, welche die christliche Version der Schöpfungsgeschichte vom Sturz bis zur Kreuzigung und Wiederauferstehung Jesu widerspiegelten.

Und dennoch schlichen sich auch andere Gestalten in die Kathedralen ein; Gesichter, die in einem heidnischen Schrein durchaus üblich waren. Zumeist eingemeißelt in die höchsten Ebenen des Gebäudes - manchmal so weit oben, dass sie im Verborgenen blieben bis fast in unsere heutige Zeit hinein (als das moderne elektrische Licht sie schließlich erleuchtete) - blickte eine ganze Familie seltsamer Gesichter von hoch oben hinab auf die betende Gemeinde. Fast alle dieser Gesichter bestanden aus Blattwerk. Bei einigen wuchsen die Blätter aus dem Munde heraus oder aus den Winkeln ihrer Augen, aus den Ohren oder Nasenlöchern, während andere ganz und gar aus Blättern zu bestehen schienen, und angedeutete Augen wiesen auf eine gewisse Ähnlichkeit mit den Menschen hin. In ganz Europa gibt es kaum eine mittelalterliche Kirche oder Kathedrale, in der man nicht mindestens einem dieser Gesichter begegnen kann, und in vielen gibt es sogar Dutzende davon.

Warum sie allerdings dort zu finden sind, ist bis heute nicht geklärt. Für Manchen sind sie nicht mehr, als ein kompliziertes Muster, Verzierungen, um dem Auge zu huldigen, oder eine stumme Erinnerung an die Schöpfung. Doch wenn dem so ist, warum hat man sie dann versteckt? Warum sollte man sie in solch schwindelnden Höhen und so dunklen Ecken verbergen, wo das bloße Auge sie nie und nimmer entdecken könnte? Die Antwort ist, auch wenn diese Ansicht nicht von allen geteilt wird, dass der blattgesichtige Grüne Mann dort von mittelalterlichen Handwerkern verewigt wurde, die - auch wenn sie genug damit zu tun hatten, Heilige, Teufel und Bischöfe dort einzumeißeln - einen Teil ihrer eigenen uralten Überlieferungen in das Herz des neugeborenen Christentums pflanzen wollten. Hoch über all den Chorräumen, Kreuzen und Altarwänden blickte das Gesicht des Grünen Mannes auf alles herab, was sich unten abspielte, und erklärte, dass die Gegenwart der grünen Welt der Wälder und der Bäume in jeder Hinsicht ebenso wahrhaftig und lebendig war, wie der auferstandene Gott der Christen.

Auch wenn diese alten Erinnerungen lediglich instinktiv gewesen sein mögen, so waren sie dennoch mächtig und eindringlich. Dem belaubten Gesicht des Grünen Mannes kann man in so gut wie jeder Kirche begegnen. Ob in dem großen gotischen Meisterwerk der Kathedrale von Chartres, außerhalb von Paris; den bedeutenden Kathedralen von Rheims, Aachen, Lincoln und Gloucester; den kunstvollen Basiliken in Rom und Venedig - der Grüne Mann ist auch dort und starrt geheimnisvoll (mal höhnisch, mal furchteinflößend) aus den Höhen herunter.

So blieb die Essenz der grünen Welt in Stein und Holz erhalten, und doch war dies nicht der einzige Ort, an dem der Grüne Mann auftauchte. Er verbirgt sich auch in tausenden verschiedenen Volksbräuchen und -glauben in aller Welt, von denen man viele auch heute noch in den vergessenen Ecken der Welt entdecken kann, wo sie Überlieferungen bewahren, die schon tausende Jahre alt sind, doch immer noch so lebendig und bedeutsam, wie eh und je. Und er versteckt sich nicht nur in der westlichen Welt, Darstellungen des Grünen Mannes fand man auch in so fernen Ländern wie Indien oder Amerika - eigentlich überall, wo es Bäume gab. Am lebendigsten jedoch ist der Grüne Mann in den Überlieferungen der Landbevölkerung der Alten Welt - dort können wir ihm noch heute begegnen.

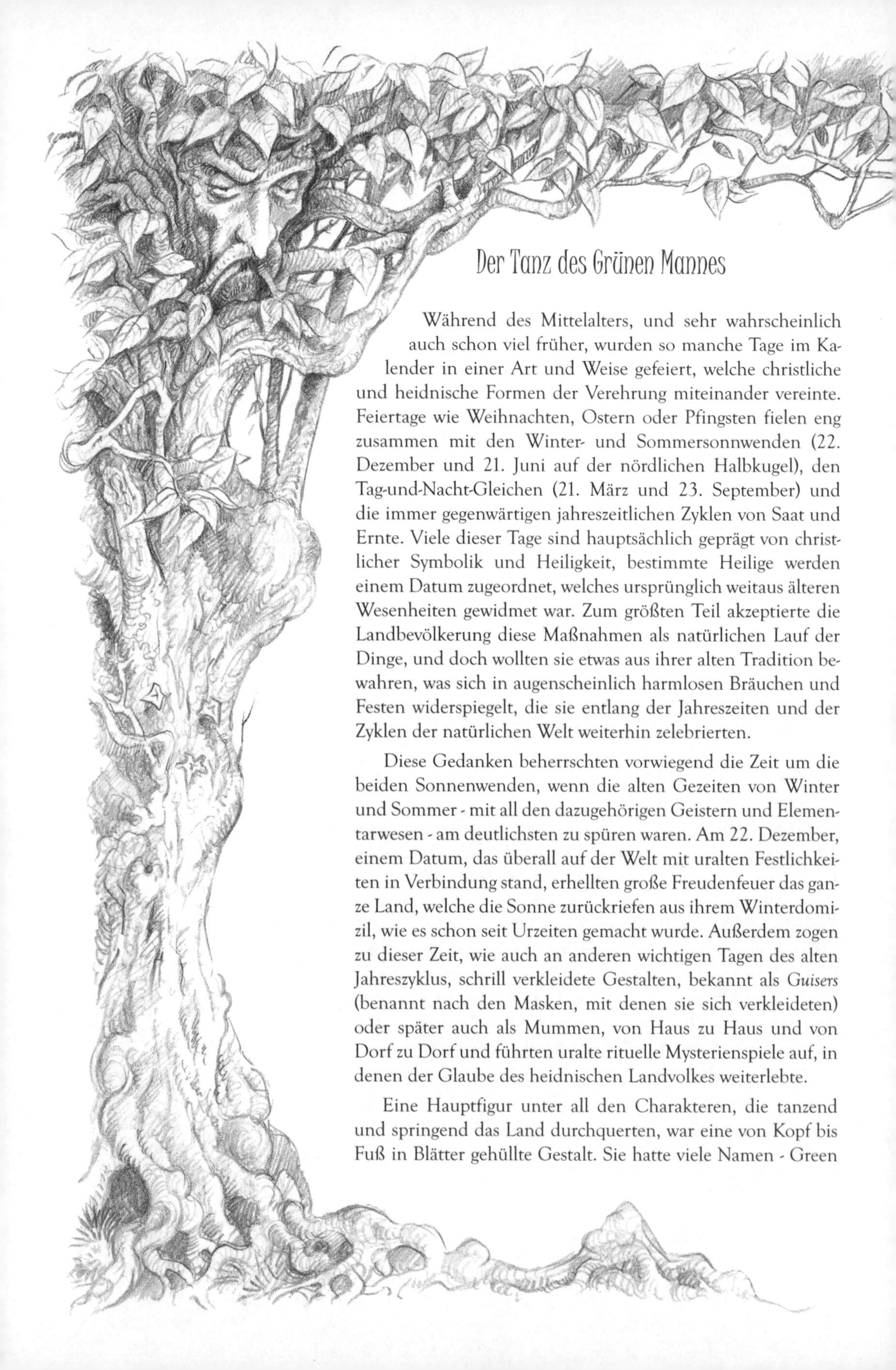

## Der Tanz des Grünen Mannes

Während des Mittelalters, und sehr wahrscheinlich auch schon viel früher, wurden so manche Tage im Kalender in einer Art und Weise gefeiert, welche christliche und heidnische Formen der Verehrung miteinander vereinte. Feiertage wie Weihnachten, Ostern oder Pfingsten fielen eng zusammen mit den Winter- und Sommersonnwenden (22. Dezember und 21. Juni auf der nördlichen Halbkugel), den Tag-und-Nacht-Gleichen (21. März und 23. September) und die immer gegenwärtigen jahreszeitlichen Zyklen von Saat und Ernte. Viele dieser Tage sind hauptsächlich geprägt von christlicher Symbolik und Heiligkeit, bestimmte Heilige werden einem Datum zugeordnet, welches ursprünglich weitaus älteren Wesenheiten gewidmet war. Zum größten Teil akzeptierte die Landbevölkerung diese Maßnahmen als natürlichen Lauf der Dinge, und doch wollten sie etwas aus ihrer alten Tradition bewahren, was sich in augenscheinlich harmlosen Bräuchen und Festen widerspiegelt, die sie entlang der Jahreszeiten und der Zyklen der natürlichen Welt weiterhin zelebrierten.

Diese Gedanken beherrschten vorwiegend die Zeit um die beiden Sonnenwenden, wenn die alten Gezeiten von Winter und Sommer - mit all den dazugehörigen Geistern und Elementarwesen - am deutlichsten zu spüren waren. Am 22. Dezember, einem Datum, das überall auf der Welt mit uralten Festlichkeiten in Verbindung stand, erhellten große Freudenfeuer das ganze Land, welche die Sonne zurückriefen aus ihrem Winterdomizil, wie es schon seit Urzeiten gemacht wurde. Außerdem zogen zu dieser Zeit, wie auch an anderen wichtigen Tagen des alten Jahreszyklus, schrill verkleidete Gestalten, bekannt als *Guisers* (benannt nach den Masken, mit denen sie sich verkleideten) oder später auch als Mummen, von Haus zu Haus und von Dorf zu Dorf und führten uralte rituelle Mysterienspiele auf, in denen der Glaube des heidnischen Landvolkes weiterlebte.

Eine Hauptfigur unter all den Charakteren, die tanzend und springend das Land durchquerten, war eine von Kopf bis Fuß in Blätter gehüllte Gestalt. Sie hatte viele Namen - Green

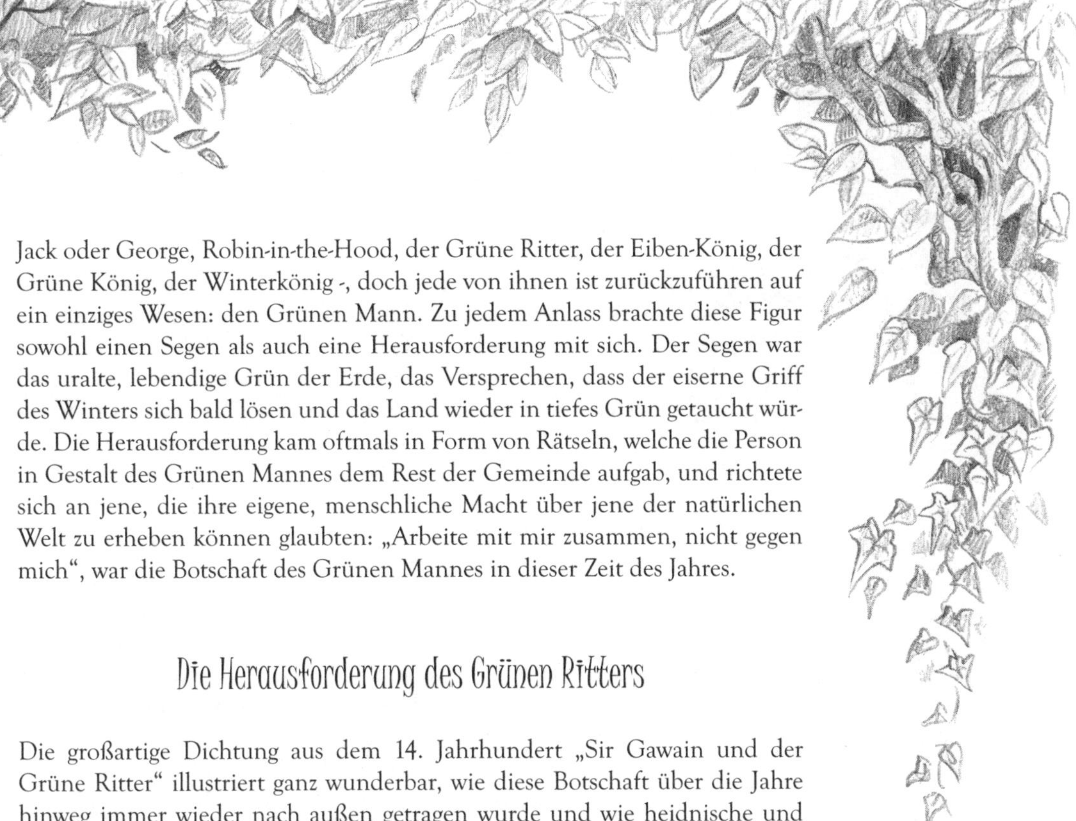

Jack oder George, Robin-in-the-Hood, der Grüne Ritter, der Eiben-König, der Grüne König, der Winterkönig -, doch jede von ihnen ist zurückzuführen auf ein einziges Wesen: den Grünen Mann. Zu jedem Anlass brachte diese Figur sowohl einen Segen als auch eine Herausforderung mit sich. Der Segen war das uralte, lebendige Grün der Erde, das Versprechen, dass der eiserne Griff des Winters sich bald lösen und das Land wieder in tiefes Grün getaucht würde. Die Herausforderung kam oftmals in Form von Rätseln, welche die Person in Gestalt des Grünen Mannes dem Rest der Gemeinde aufgab, und richtete sich an jene, die ihre eigene, menschliche Macht über jene der natürlichen Welt zu erheben können glaubten: „Arbeite mit mir zusammen, nicht gegen mich", war die Botschaft des Grünen Mannes in dieser Zeit des Jahres.

## Die Herausforderung des Grünen Ritters

Die großartige Dichtung aus dem 14. Jahrhundert „Sir Gawain und der Grüne Ritter" illustriert ganz wunderbar, wie diese Botschaft über die Jahre hinweg immer wieder nach außen getragen wurde und wie heidnische und christliche Elemente nebeneinander bestehen konnten, ohne dass das eine dem anderen seinen Platz streitig machte. In der Dichtung besucht der Grüne Ritter am Weihnachtstag Camelot, den Hof König Artus´. Er ist eine wilde Gestalt, dessen Haut ebenso grün ist wie seine Gewänder, er reitet auf einem grünen Pferd und trägt eine Keule aus Stechpalmenholz sowie eine Axt bei sich. Er ist gekommen, so sagt er, um dem Hof ein Weihnachtsspiel zu bringen, doch schon bald wird deutlich, dass seine Herausforderung ganz und gar kein Spiel ist. Er gestattet einem jeden, ihm einen einzigen Streich mit seiner eigenen Axt zu verpassen, unter der Bedingung, dass er genau ein Jahr später den Schlag erwidern dürfe. Schließlich nimmt der tapfere Sir Gawain die Herausforderung an und trennt dem Grünen Ritter mit seinem Streich den Kopf von den Schultern. Die schreckliche Gestalt aber nimmt einfach ihren Kopf auf und erinnert Gawain daran, dass er in genau einem Jahr sich an der „Grünen Kapelle" einzufinden habe, um seinen Gegenschlag zu empfangen.

Von diesem Zeitpunkt an beschäftigt sich die Dichtung hauptsächlich mit Gawains Abenteuern auf der Suche nach der Heimstatt des Grünen Ritters, welche schließlich (passender Weise) eine Höhle zu sein scheint. Unterwegs werden ihm weitere Prüfungen und Aufgaben zuteil, um seine Ehrbarkeit und sein Vertrauenswürdigkeit unter Beweis zu stellen. Oberflächlich betrachtet wird Gawain dargestellt als christlicher Ritter eines christlichen Hofes, doch eigentlich steckt in ihm eine weitaus ältere Figur, denn hinter ihm verbirgt

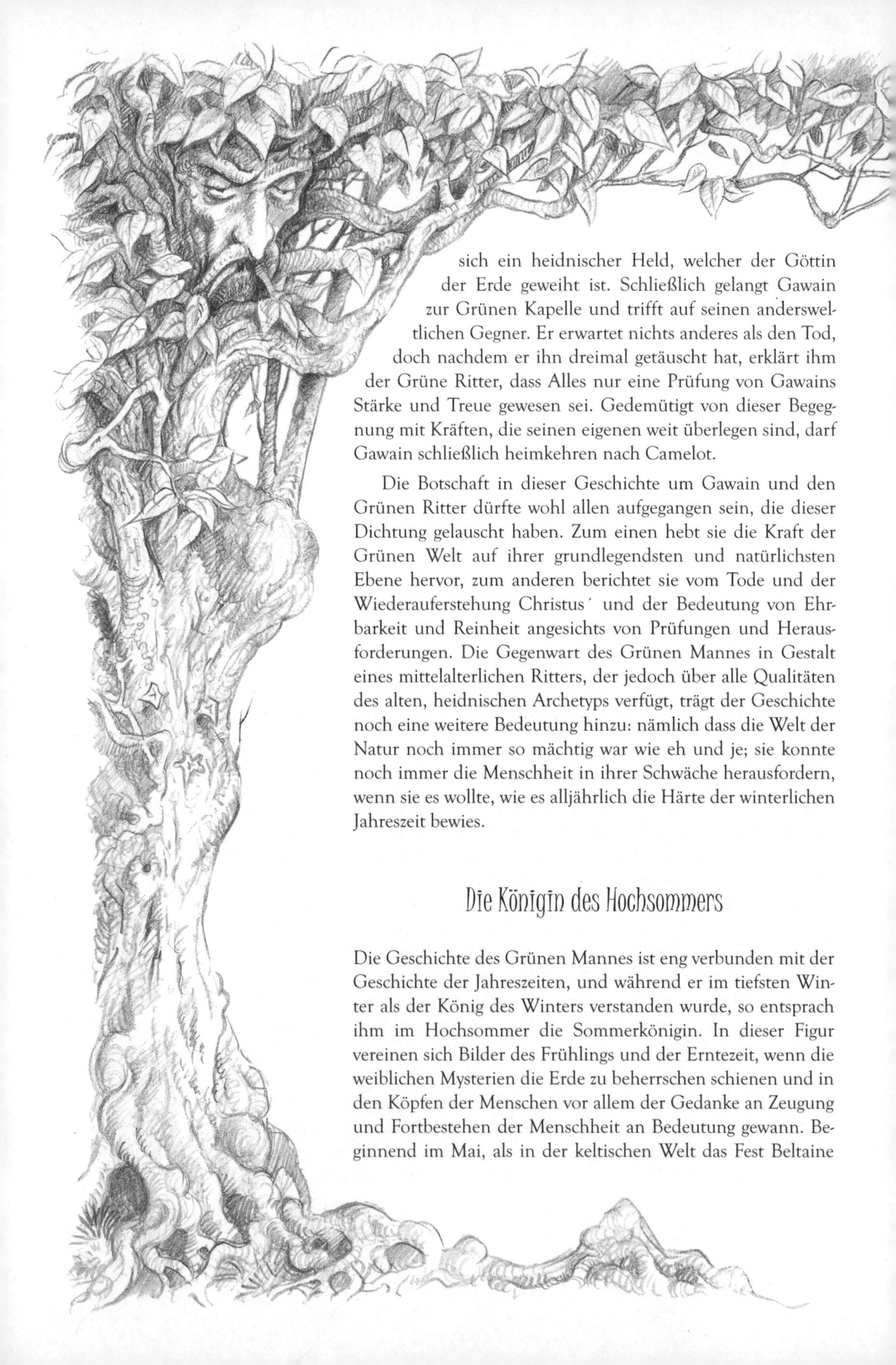

sich ein heidnischer Held, welcher der Göttin der Erde geweiht ist. Schließlich gelangt Gawain zur Grünen Kapelle und trifft auf seinen andersweltlichen Gegner. Er erwartet nichts anderes als den Tod, doch nachdem er ihn dreimal getäuscht hat, erklärt ihm der Grüne Ritter, dass Alles nur eine Prüfung von Gawains Stärke und Treue gewesen sei. Gedemütigt von dieser Begegnung mit Kräften, die seinen eigenen weit überlegen sind, darf Gawain schließlich heimkehren nach Camelot.

Die Botschaft in dieser Geschichte um Gawain und den Grünen Ritter dürfte wohl allen aufgegangen sein, die dieser Dichtung gelauscht haben. Zum einen hebt sie die Kraft der Grünen Welt auf ihrer grundlegendsten und natürlichsten Ebene hervor, zum anderen berichtet sie vom Tode und der Wiederauferstehung Christus´ und der Bedeutung von Ehrbarkeit und Reinheit angesichts von Prüfungen und Herausforderungen. Die Gegenwart des Grünen Mannes in Gestalt eines mittelalterlichen Ritters, der jedoch über alle Qualitäten des alten, heidnischen Archetyps verfügt, trägt der Geschichte noch eine weitere Bedeutung hinzu: nämlich dass die Welt der Natur noch immer so mächtig war wie eh und je; sie konnte noch immer die Menschheit in ihrer Schwäche herausfordern, wenn sie es wollte, wie es alljährlich die Härte der winterlichen Jahreszeit bewies.

## Die Königin des Hochsommers

Die Geschichte des Grünen Mannes ist eng verbunden mit der Geschichte der Jahreszeiten, und während er im tiefsten Winter als der König des Winters verstanden wurde, so entsprach ihm im Hochsommer die Sommerkönigin. In dieser Figur vereinen sich Bilder des Frühlings und der Erntezeit, wenn die weiblichen Mysterien die Erde zu beherrschen schienen und in den Köpfen der Menschen vor allem der Gedanke an Zeugung und Fortbestehen der Menschheit an Bedeutung gewann. Beginnend im Mai, als in der keltischen Welt das Fest Beltaine gefeiert wurde, und über den ganzen Sommer hinweg bis hin zum Beginn der Erntezeit feierte die Landbevölkerung die Kraft des Lebens. Am Maiabend wurde die Sommerkönigin gekrönt, und dann wurde sie gefeiert mit Tanz und Gesang, Umzügen, rituellen Handlungen und einer riesigen Menge nur all zu menschlicher Späße. Dieses Fest des Lebens war so kraftgeladen, dass selbst die Kirche ein wenig verdrängt wurde angesichts einer so ungezügelten und freimütigen, orgiastischen Zeit. Die Priester waren wahrscheinlich ganz und gar nicht zufrieden über die Dinge, die sich in dieser Zeit zutrugen, aber immerhin waren sie klug genug, all das schweigend hinzunehmen und sich selbst von den teils derben Ausbrüchen des Volkes abzuschirmen.

Und wieder waren die Verkleideten und Mummen am Werk und führten ihre alten Volksspiele auf, in denen eine Geschichte erzählt wurde vom ewigen Kampf zwischen Sommer und Winter um die Jungfrau des Frühlings - welche nun bald die Königin des Sommers sein sollte. Ihr Gefährte, Jack-in-the-Green oder John Barleycorn, war einmal mehr der Anführer bei diesen Festen und tanzte in wilder Hingabe auf den Dorfwiesen und an und auf den Straßen der alten Welt. Mal erschien er als Mann von Kränzen gekrönt, mal trug er ein Bildnis gewoben aus wilden Blumen und grünen Blättern auf seinen Schultern. Ein Überbleibsel aus noch viel früheren Zeiten war seine Opferung - inzwischen allerdings nicht mehr wirklich (wie es durchaus einmal gewesen sein könnte), sondern nur noch symbolisch, indem er seinen Kopf verlor bei seinem wilden Tanz oder durch das Aufhängen seines blumendurchwirkten Gewandes auf dem Kirchturm.

Solche Bräuche hielten den Grünen Mann lebendig in den Seelen der Menschen. Sie sorgten dafür, dass seine Gegenwart weiterhin die Welt des Pflanzens und Erntens hütete und die Grüne Welt direkt ins Herz der zivilisierten Ballungsräume von Dorf und Stadt einführte. Auch heute noch ist in weiten Teilen Europas der Grüne Mann gegenwärtig. Man kann ihn jedes Jahr an Hohe Maien, zur Sommer- und Wintersonnwende bewundern, und manchmal auch zu weniger beachteten Festlichkeiten im natürlichen Jahreszyklus.

## Der Grüne Mann heute

In letzter Zeit taucht der Grüne Mann wieder auf in verschiedensten Verkleidungen: als Robin Hood, dem Geächteten von Sherwood Forest, in dem sich alle Anzeichen göttlicher Abstammung finden; als Held moderner Comic-Hefte, wie *Green Arrow* oder *Slaine*; und erst vor wenigen Jahren als inoffizielles Symbol der gesamten Grünen Bewegung, die den Schwerpunkt ihrer

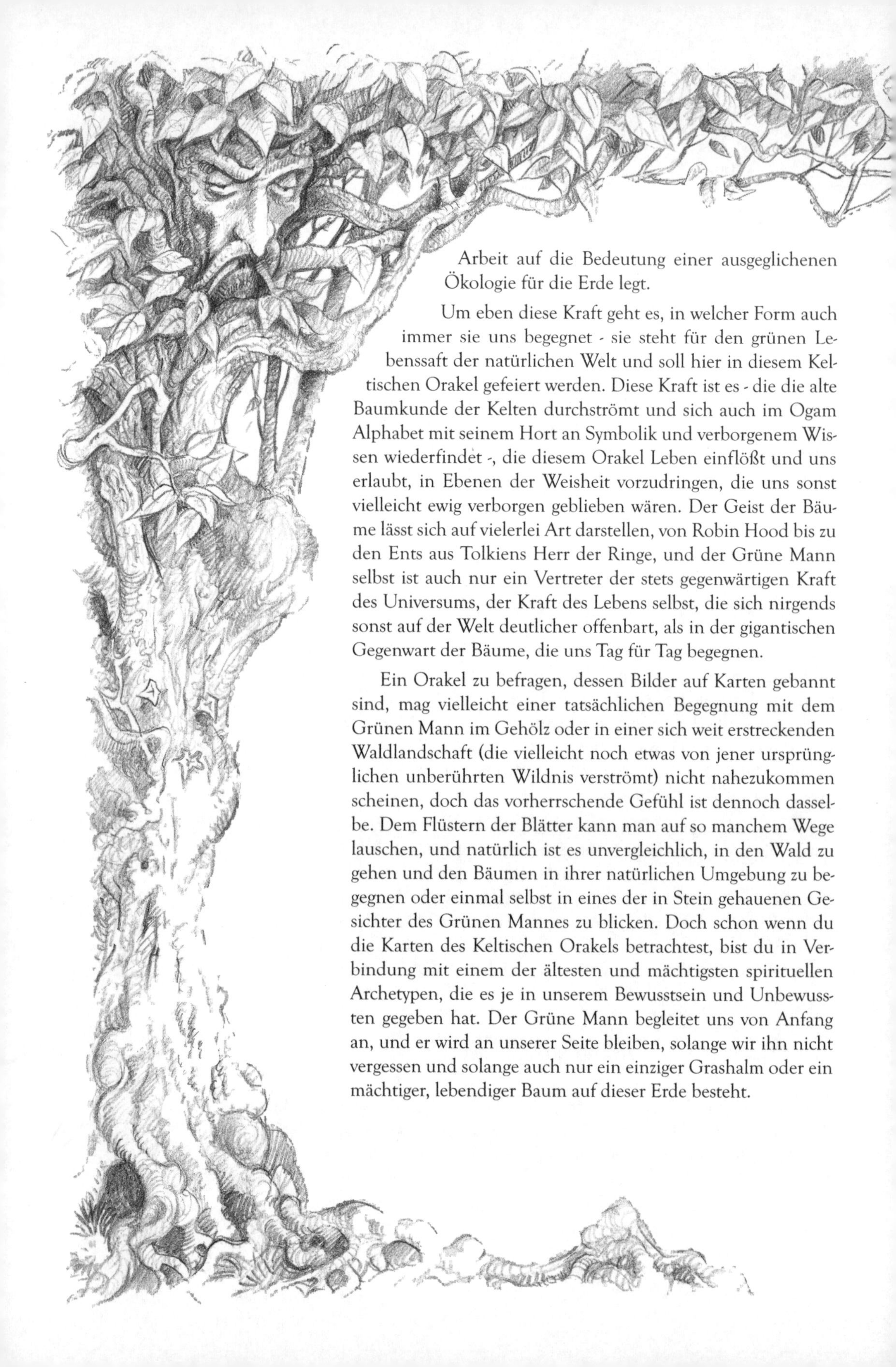

Arbeit auf die Bedeutung einer ausgeglichenen Ökologie für die Erde legt.

Um eben diese Kraft geht es, in welcher Form auch immer sie uns begegnet - sie steht für den grünen Lebenssaft der natürlichen Welt und soll hier in diesem Keltischen Orakel gefeiert werden. Diese Kraft ist es - die die alte Baumkunde der Kelten durchströmt und sich auch im Ogam Alphabet mit seinem Hort an Symbolik und verborgenem Wissen wiederfindet -, die diesem Orakel Leben einflößt und uns erlaubt, in Ebenen der Weisheit vorzudringen, die uns sonst vielleicht ewig verborgen geblieben wären. Der Geist der Bäume lässt sich auf vielerlei Art darstellen, von Robin Hood bis zu den Ents aus Tolkiens Herr der Ringe, und der Grüne Mann selbst ist auch nur ein Vertreter der stets gegenwärtigen Kraft des Universums, der Kraft des Lebens selbst, die sich nirgends sonst auf der Welt deutlicher offenbart, als in der gigantischen Gegenwart der Bäume, die uns Tag für Tag begegnen.

Ein Orakel zu befragen, dessen Bilder auf Karten gebannt sind, mag vielleicht einer tatsächlichen Begegnung mit dem Grünen Mann im Gehölz oder in einer sich weit erstreckenden Waldlandschaft (die vielleicht noch etwas von jener ursprünglichen unberührten Wildnis verströmt) nicht nahezukommen scheinen, doch das vorherrschende Gefühl ist dennoch dasselbe. Dem Flüstern der Blätter kann man auf so manchem Wege lauschen, und natürlich ist es unvergleichlich, in den Wald zu gehen und den Bäumen in ihrer natürlichen Umgebung zu begegnen oder einmal selbst in eines der in Stein gehauenen Gesichter des Grünen Mannes zu blicken. Doch schon wenn du die Karten des Keltischen Orakels betrachtest, bist du in Verbindung mit einem der ältesten und mächtigsten spirituellen Archetypen, die es je in unserem Bewusstsein und Unbewussten gegeben hat. Der Grüne Mann begleitet uns von Anfang an, und er wird an unserer Seite bleiben, solange wir ihn nicht vergessen und solange auch nur ein einziger Grashalm oder ein mächtiger, lebendiger Baum auf dieser Erde besteht.

Kapitel 3

# In den Bäumen lesen

## Das Alphabet des Grünen Mannes

*Sein Name ist geschrieben*
*In grünen Buchstaben*
*Und erzählt uns von all den Dingen,*
*die uns auf unserem Lebensweg begegnen.*

John Matthews, *The Green Man Waking*

*Nun ist es an der Zeit, uns den Bäumen des Keltischen Orakels zuzuwenden. Jeder Eintrag beschreibt die weissagende Bedeutung, den mythologischen Hintergrund und einige Bräuche, welche uns veranlasst haben, einen Baum mit einer bestimmten Bedeutung oder Botschaft in Verbindung zu bringen. Zu jedem Baum kannst du auch den entsprechenden Ogam-Buchstaben finden, sowohl seinen lateinischen wie auch seinen keltischen Namen, und auch einen kurzen Sinnspruch, der uns die Weisheit des Grünen Mannes zu jeder Karte kundtut. Die Karten sind in fünf Gruppen aus jeweils fünf Karten eingeteilt, die sich* **aicme** *nennen (der Stamm oder die Familie des Hauptbuchstaben) und folgen der Einteilung des ursprünglichen Ogam-Alphabetes, wie es auf der Karte im ersten Kapitel gezeigt wurde.*

*Betula alba/ pendula*

B Beith

# Birke

*Weisheit des Grünen Mannes: Ein guter Anfang führt zu einem guten Ende*

---

## Deutung

Anfänge sind immer etwas sehr bedeutsames, denn mit ihnen stellen wir uns neuen Herausforderungen. Eine gute Vorbereitung und die Bereitschaft, den Grundstein für das zu legen, was wir schaffen wollen, sind ebenso wichtig wie das Ergebnis selbst. Die Weisheit des Grünen Mannes ist hier sehr eindeutig: mache einen guten Anfang, dann wird alles, was du anpackst, auch zu einem guten Ende finden. Das bedeutet, dass man gerade dem Moment der Eingebung, den die Kelten *awen* nennen, besondere Aufmerksamkeit schenken und ihn verfolgen soll, bis er zu einem guten Abschluss geführt hat. Es gab den Brauch, mit der Birke die bösen Geister auszutreiben und jene, die dem Wahnsinn verfallen waren, wieder zur Gesundheit zu verhelfen. Im Kalender steht sie für den Jahresanfang sowie für das heilige Fest Samhain (1. November), woher ihre Assoziation stammt „einen neuen Anfang wagen“. Die Birke gehört auch zu den ersten Bäumen, die im Frühling ihre Blüten zeigen. Ziehst du diese Karte beim Orakeln, dann weist sie dich darauf hin, etwas noch einmal zu überdenken und jeden Beginn einer neuen Reise zu einem frischen und reinen Anfang zu machen.

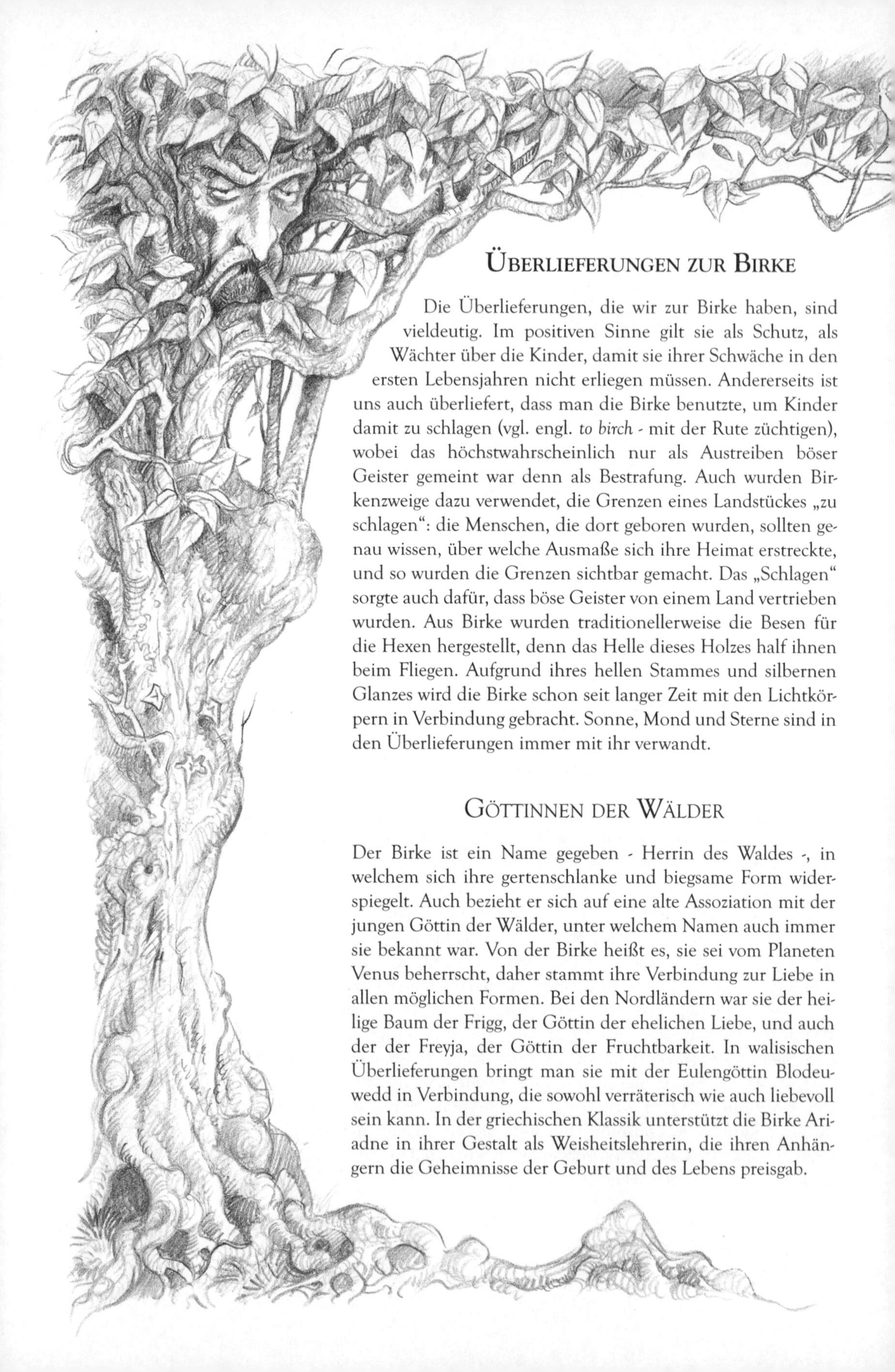

## Überlieferungen zur Birke

Die Überlieferungen, die wir zur Birke haben, sind vieldeutig. Im positiven Sinne gilt sie als Schutz, als Wächter über die Kinder, damit sie ihrer Schwäche in den ersten Lebensjahren nicht erliegen müssen. Andererseits ist uns auch überliefert, dass man die Birke benutzte, um Kinder damit zu schlagen (vgl. engl. *to birch* - mit der Rute züchtigen), wobei das höchstwahrscheinlich nur als Austreiben böser Geister gemeint war denn als Bestrafung. Auch wurden Birkenzweige dazu verwendet, die Grenzen eines Landstückes „zu schlagen“: die Menschen, die dort geboren wurden, sollten genau wissen, über welche Ausmaße sich ihre Heimat erstreckte, und so wurden die Grenzen sichtbar gemacht. Das „Schlagen“ sorgte auch dafür, dass böse Geister von einem Land vertrieben wurden. Aus Birke wurden traditionellerweise die Besen für die Hexen hergestellt, denn das Helle dieses Holzes half ihnen beim Fliegen. Aufgrund ihres hellen Stammes und silbernen Glanzes wird die Birke schon seit langer Zeit mit den Lichtkörpern in Verbindung gebracht. Sonne, Mond und Sterne sind in den Überlieferungen immer mit ihr verwandt.

## Göttinnen der Wälder

Der Birke ist ein Name gegeben - Herrin des Waldes -, in welchem sich ihre gertenschlanke und biegsame Form widerspiegelt. Auch bezieht er sich auf eine alte Assoziation mit der jungen Göttin der Wälder, unter welchem Namen auch immer sie bekannt war. Von der Birke heißt es, sie sei vom Planeten Venus beherrscht, daher stammt ihre Verbindung zur Liebe in allen möglichen Formen. Bei den Nordländern war sie der heilige Baum der Frigg, der Göttin der ehelichen Liebe, und auch der der Freyja, der Göttin der Fruchtbarkeit. In walisischen Überlieferungen bringt man sie mit der Eulengöttin Blodeuwedd in Verbindung, die sowohl verräterisch wie auch liebevoll sein kann. In der griechischen Klassik unterstützt die Birke Ariadne in ihrer Gestalt als Weisheitslehrerin, die ihren Anhängern die Geheimnisse der Geburt und des Lebens preisgab.

## Die erste Botschaft

In den Überlieferungen des Ogam wird der Birke unter den Bäumen besondere Ehre zuteil, denn es heißt, die erste Botschaft, die je mit dem geheimen Alphabet geschrieben wurde, war *beith*. Damals sollte sie den Sonnengott Lugh warnen, dass sein Weib in das Reich der sidhe oder des Feenvolkes entführt werden sollte. Diese Assoziation ist der Birke anhaften geblieben, und in Irland (und auch anderswo) wurde sie seither mit der Symbolik des Lichtes in Verbindung gebracht.

## Die Birke ehren

In Russland wurde die Birke ganz besonders verehrt zu Pfingsten, kurz nach Ostern. Die Bauern gingen in die Wälder, um einen schönen Baum auszusuchen, den sie dann dekorierten und mit Frauenkleidern schmückten. Dann feierten sie ein Fest und opferten dem Baum eine Portion ihres Festessens, woraufhin die Birke gefällt und begleitet von fröhlichen Liedern nach Hause gebracht wurde. Im Haus blieb sie zwei Tage lang und wurde wie ein Gast behandelt. Am dritten Tag brachte man sie schließlich zum nächstgelegenen Fluss und übergab sie dem Wasser. Damit wurden alle schlechten oder negativen Kräfte fortgeschickt, welche die kommende Ernte hätten beeinträchtigen können. Dieser Brauch spiegelt sich wider in der Assoziation der Birke mit Wasser und Luft - beides fließende Elemente, die den Weg reinigen, ehe man sich einer neuen Herausforderung stellt.

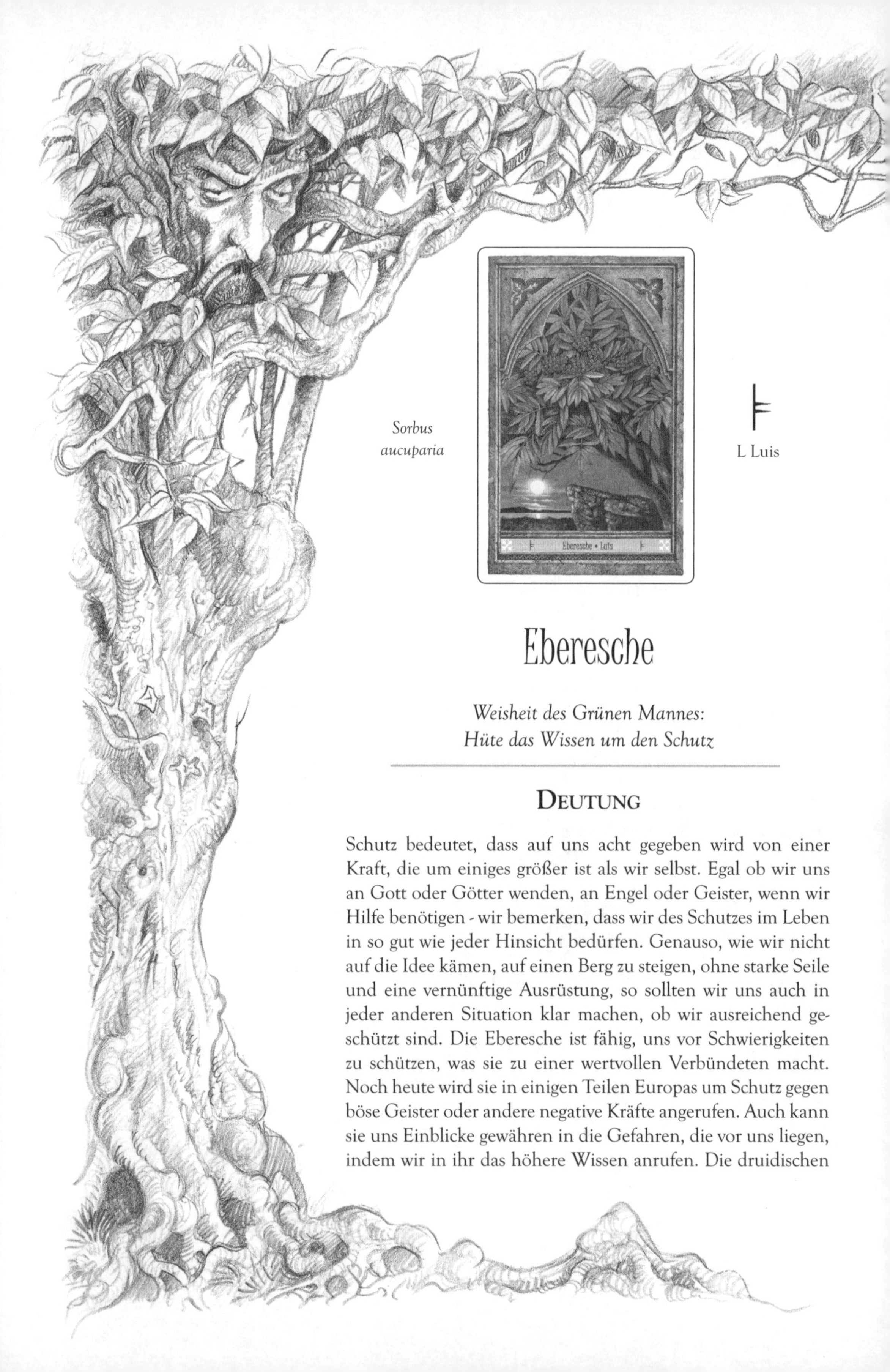


*Sorbus aucuparia*

ᚂ

L Luis

# Eberesche

*Weisheit des Grünen Mannes:*
*Hüte das Wissen um den Schutz*

---

## Deutung

Schutz bedeutet, dass auf uns acht gegeben wird von einer Kraft, die um einiges größer ist als wir selbst. Egal ob wir uns an Gott oder Götter wenden, an Engel oder Geister, wenn wir Hilfe benötigen - wir bemerken, dass wir des Schutzes im Leben in so gut wie jeder Hinsicht bedürfen. Genauso, wie wir nicht auf die Idee kämen, auf einen Berg zu steigen, ohne starke Seile und eine vernünftige Ausrüstung, so sollten wir uns auch in jeder anderen Situation klar machen, ob wir ausreichend geschützt sind. Die Eberesche ist fähig, uns vor Schwierigkeiten zu schützen, was sie zu einer wertvollen Verbündeten macht. Noch heute wird sie in einigen Teilen Europas um Schutz gegen böse Geister oder andere negative Kräfte angerufen. Auch kann sie uns Einblicke gewähren in die Gefahren, die vor uns liegen, indem wir in ihr das höhere Wissen anrufen. Die druidischen

Schamanen der Kelten sollen sie sich auf diese Weise zunutze gemacht haben, sie atmeten den Rauch von Feuern aus Ebereschenholz ein, um in einen tranceartigen Zustand zu gelangen, worin ihre verstärkte Wahrnehmung sie befähigte, Gefahren zu erkennen und vor ihnen zu warnen. Ziehst du diese Karte bei einer Weissagung, dann bist du gerade vor allem Übel geschützt.

## Überlieferungen zur Eberesche

Man nimmt an, dass die Eberesche (engl. *rowan*) ihren Namen von dem nordischen Wort *runa* hat, was soviel wie „Zauber" bedeutet. Seit den alten Zeiten bringt man sie mit Schutz in Verbindung, und man findet sie oftmals in der Nähe von Häusern oder Kirchhöfen, wo sie die bösen Kräfte fernhalten soll. In der Überlieferung heißt es, die Eberesche sei ein besonders wirksamer Schutz gegen Hexerei. Bindet man ein Stückchen roten Faden um den Zweig einer Eberesche, so heißt es, dann könne man selbst den stärksten Zauber brechen.

## Das Blut der Götter

Die einzigartige Farbgebung der Eberesche - tiefes Grün und Scharlachrot - verkündet ihre Gegenwart wie ein Posaunenruf, wo immer sie zu finden ist. Ihre roten Beeren bringen sie sowohl mit Leben als auch mit Tod in Verbindung, und da man Rot für die Farbe des Götterblutes hielt, galten diese Beeren als Speise der Götter. Die Götter und Göttinnen, die man mit der Eberesche assoziiert, gehören zu den mächtigsten Gottheiten. In der griechischen Mythologie heißt es, die Eberesche sei aus dem Blut eines heiligen Adlers emporgewachsen, den Zeus ausgesandt hatte, den Kelch der Götter wieder zu beschaffen, den die Dämonen gestohlen hatten. In skandinavischen Mythen wurde die erste Frau aus einer Eberesche geschaffen. Bei den Nordländern wurde ihr besondere Ehre zuteil, denn man sagte ihr nach, sie habe den Gott Thor vor dem Ertrinken gerettet, indem sie ihm ihre Äste entgegenstreckte, um zu verhindern, dass er von einem reißenden Strom mitgerissen wurde.

## Göttinnen der Sonne

Die Eberesche steht unter der Herrschaft der Sonne, und so ist es nicht weiter verwunderlich, dass viele der Gottheiten, die ihr zugeordnet werden, ebenso solar geprägt sind. In Irland wird die Göttin Brigid oftmals von einer Ebere-

sche dargestellt, und in Britannien ruft man auch die Brigantia, eine alte Schutzgöttin des Landes, in ihrem Zeichen an. Beide Göttinnen standen in engem Zusammenhang mit der Sonne, ihrer schützenden Energie und den ersten Regungen des Frühlings. Brigid war außerdem die Göttin der Dichtkunst und der Inspiration, und in späteren christlichen Mythen heißt es, sie sei die Amme des Jesuskindes gewesen. Sowohl Brigid als auch Brigantia sollen Pfeile aus Ebereschenholz besessen haben, die sie wenn nötig in Brand stecken konnten.

## Der Baum der Druiden

Die Eberesche war den Kelten ganz besonders heilig. Von den Druiden erfuhr sie große Verehrung, und in Irland ist sie noch immer bekannt als *fid na ndruad* oder „Baum der Druiden". Die Druiden haben Ebereschen gepflanzt - neben Eichen und Eschen - in den heiligen Hainen, wo sie sich zur Anbetung versammelten. In Irland war auch der Glaube verbreitet, dass, überall wo eine Eberesche stand, sie das Land beschützte solange sie nur gesund und gut versorgt war. In einigen Teilen Europas ist dieser Brauch noch immer lebendig, wo Ebereschen in der Nähe von Häusern und Kirchhöfen wachsen und ihre Zweige in den Türrahmen gehangen werden, um jenen mit bösen Absichten den Eintritt zu verwehren.

*Alnus glutinosa*

F Fearn

# Erle

*Weisheit des Grünen Mannes: Verteidigung wahrt die Grenzen*

## Deutung

Die Erle wird sehr stark mit Verteidigung assoziiert. Sie webt einen Schutzzauber, der vor Angriffen bewahrt - sei es für ein Land oder einen einzelnen Menschen. In den keltischen Mythen erfahren wir von Palisaden aus Erlenholz, welche Angriffe verhinderten oder Gefangene in ihren Verliesen festhielten. Manchmal wird auch beschrieben, dass auf diesen Holzzäunen abgeschlagene Menschenköpfe steckten. Aber im Grunde genommen hat die Erle solch grässliche Zurschaustellung gar nicht nötig, sie bietet vielmehr eine ganz sanfte Verteidigung und nur im Notfall mit erschreckenden Mitteln. Die tief in deinem Inneren wurzelnden Instinkte wissen sehr genau, wann jemand oder etwas deine Grenzen bedroht oder gar dein Territorium betritt. Wenn du diesen Dingen nicht befiehlst, zu verschwinden, wenn du dein „Heim“ nicht verteidigst, dann entehrst du dich selbst, denn du verschenkst deine Kräfte. Ziehst du beim Orakelspiel die Karte der Erle, dann teilt sie dir mit, dass es etwas gibt, was du verteidigen solltest oder dass du Steine aus dem Weg zu räumen hast.

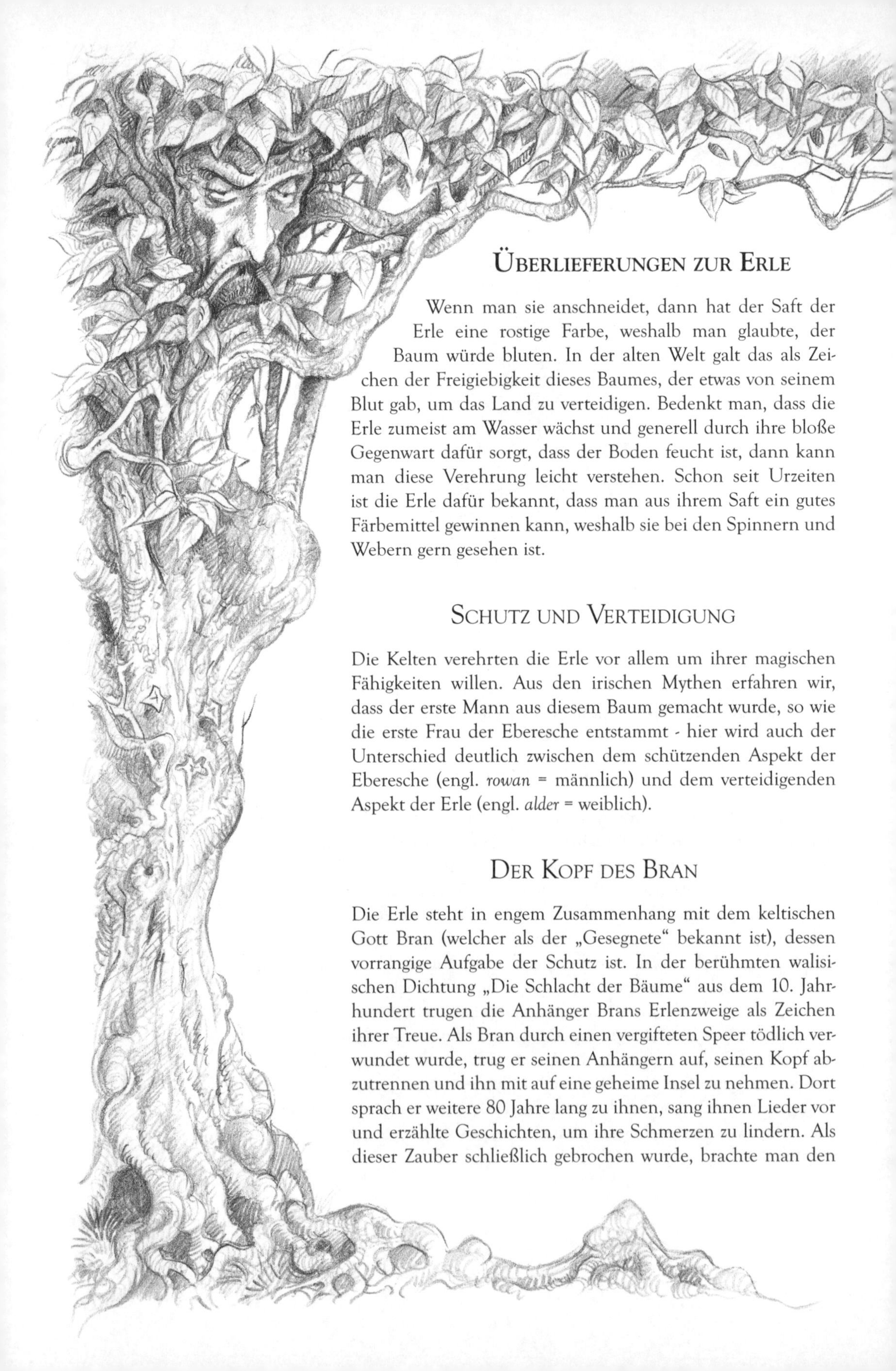

## Überlieferungen zur Erle

Wenn man sie anschneidet, dann hat der Saft der Erle eine rostige Farbe, weshalb man glaubte, der Baum würde bluten. In der alten Welt galt das als Zeichen der Freigiebigkeit dieses Baumes, der etwas von seinem Blut gab, um das Land zu verteidigen. Bedenkt man, dass die Erle zumeist am Wasser wächst und generell durch ihre bloße Gegenwart dafür sorgt, dass der Boden feucht ist, dann kann man diese Verehrung leicht verstehen. Schon seit Urzeiten ist die Erle dafür bekannt, dass man aus ihrem Saft ein gutes Färbemittel gewinnen kann, weshalb sie bei den Spinnern und Webern gern gesehen ist.

## Schutz und Verteidigung

Die Kelten verehrten die Erle vor allem um ihrer magischen Fähigkeiten willen. Aus den irischen Mythen erfahren wir, dass der erste Mann aus diesem Baum gemacht wurde, so wie die erste Frau der Eberesche entstammt - hier wird auch der Unterschied deutlich zwischen dem schützenden Aspekt der Eberesche (engl. *rowan* = männlich) und dem verteidigenden Aspekt der Erle (engl. *alder* = weiblich).

## Der Kopf des Bran

Die Erle steht in engem Zusammenhang mit dem keltischen Gott Bran (welcher als der „Gesegnete" bekannt ist), dessen vorrangige Aufgabe der Schutz ist. In der berühmten walisischen Dichtung „Die Schlacht der Bäume" aus dem 10. Jahrhundert trugen die Anhänger Brans Erlenzweige als Zeichen ihrer Treue. Als Bran durch einen vergifteten Speer tödlich verwundet wurde, trug er seinen Anhängern auf, seinen Kopf abzutrennen und ihn mit auf eine geheime Insel zu nehmen. Dort sprach er weitere 80 Jahre lang zu ihnen, sang ihnen Lieder vor und erzählte Geschichten, um ihre Schmerzen zu lindern. Als dieser Zauber schließlich gebrochen wurde, brachte man den

Kopf zum Weißen Berg, von dem manche annehmen, er sei die Erhebung, auf der später der Tower von London oder die St. Pauls Kathedrale (ebenfalls in London) errichtet wurde. Dort soll Brans Kopf begraben worden sein, mit dem Gesicht dem Ärmelkanal zugewandt, und es heißt, kein Eroberer habe je das Land besetzen können, solange der Kopf dort gelegen habe. Später soll der Heldenkönig Artus den Kopf wieder ausgegraben haben - er war der Meinung, nur er selbst könne das Land angemessen verteidigen.

## Der Gott der Zeit

In Griechenland war die Erle Cronos, dem Gott der Zeit, geweiht. Einer seiner Beinamen lautete *Fearinus*, was man deuten könnte mit „Morgengrauen des Jahres“ und was eine auffallende Ähnlichkeit aufweist mit *fearn*, dem Ogam-Namen für die Erle. Es gibt uralte Verbindungen zwischen Cronos und Bran; der römische Autor Plutarch beschreibt Cronos als schlafend auf einem goldenen Felsen jenseits des Ozeans, nicht aber in Griechenland (wie man erwarten würde), sondern irgendwo in der Nähe von Britannien. Auch Poseidon, der griechische Meeresgott, der ebenfalls für die Verteidigung des Landes sorgte, bringt man mit der Erle in Verbindung. Poseidon war bekannt als einer, der die Erde erbeben ließ, seine Rolle war also durchaus ambivalent - ebenso wie die Erle konnte er sowohl schrecklich als auch liebevoll beschützend auftreten.

*Salix alba*

S Saille

# Weide

*Weisheit des Grünen Mannes:*
*Inspiration entspringt der Harmonie*

## Deutung

Jeder hat das Bedürfnis nach Harmonie, denn ohne sie fühlen wir uns zerteilt, zerrissen von den Konflikten des täglichen Lebens. Harmonie hält uns im Fluss, was uns wiederum ein Gefühl größerer Vitalität und tieferem Bewusstsein über das Verbundensein mit dem Rest der Welt verleiht. Aus diesem Zustand wird Inspiration geboren. Die Botschaft der Weide und des Grünen Mannes ist eindeutig: Inspiration entspringt der Harmonie, das *awen* der Druiden und Barden, eine Quelle menschlicher Erfüllung. Die Suche nach Inspiration gibt es schon seit Urzeiten, und sie ist nicht nur jenen zuteil, die sich künstlerisch betätigen, sondern jedem Menschen, der sich wünscht, seinem Leben einen positiven Glanz zu verleihen. Ob du nun Inspiration suchst für ein bestimmtes Handwerksstück, für eine neue, harmonischere Richtung in deinem Leben oder

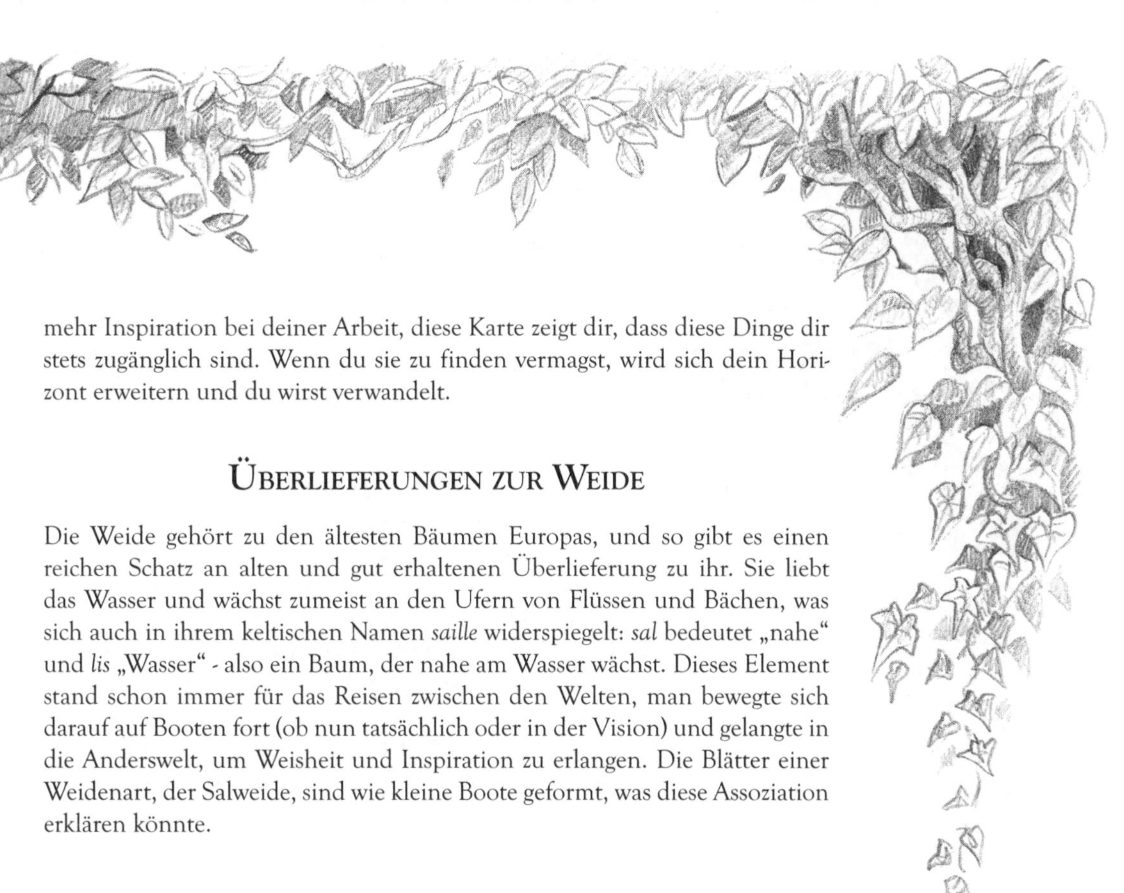

mehr Inspiration bei deiner Arbeit, diese Karte zeigt dir, dass diese Dinge dir stets zugänglich sind. Wenn du sie zu finden vermagst, wird sich dein Horizont erweitern und du wirst verwandelt.

## Überlieferungen zur Weide

Die Weide gehört zu den ältesten Bäumen Europas, und so gibt es einen reichen Schatz an alten und gut erhaltenen Überlieferung zu ihr. Sie liebt das Wasser und wächst zumeist an den Ufern von Flüssen und Bächen, was sich auch in ihrem keltischen Namen *saille* widerspiegelt: *sal* bedeutet „nahe" und *lis* „Wasser" - also ein Baum, der nahe am Wasser wächst. Dieses Element stand schon immer für das Reisen zwischen den Welten, man bewegte sich darauf auf Booten fort (ob nun tatsächlich oder in der Vision) und gelangte in die Anderswelt, um Weisheit und Inspiration zu erlangen. Die Blätter einer Weidenart, der Salweide, sind wie kleine Boote geformt, was diese Assoziation erklären könnte.

## Göttinnen des Mondes, Götter der Inspiration

Die Weide steht in engem Zusammenhang mit dem Mond, spiegelt seine fließende, emotionale Natur wider sowie auch die Kraft der Inspiration. Daher steht sie auch in enger Verbindung mit einer ganzen Menge von Göttern und Göttinnen, die dem Mond und göttlicher Inspiration zugeordnet werden. Darunter befinden sich Cerridwen (keltisch), und Demeter (griechisch). Götter der musischen Harmonie sind Apollo und Orpheus (beide griechisch) sowie Belinus (keltisch). Auf einem Altar, der dem gallischen Gott Tarvortigaranos geweiht war, sehen wir einen Priester, der Rindenstücke von einer Weide abstreift - vielleicht sucht er nach Erleuchtung in dem Muster, das die herabgefallenen Stücke auf der Erde bilden. In derselben Darstellung finden wir auch drei heilige Kraniche, welche den Flug der Seele darstellen in ihrem Streben nach dem Wissen der Anderswelt.

## Ein Segen des Grünen Georg

In der Folklore ist die Rede von Zauberstäben aus Weidenholz, die von Zauberern und Druiden verwendet wurden. Auch Wünschelrutengänger machten von ihnen Gebrauch - vermutlich aufgrund der Verbindung mit dem Wasser.

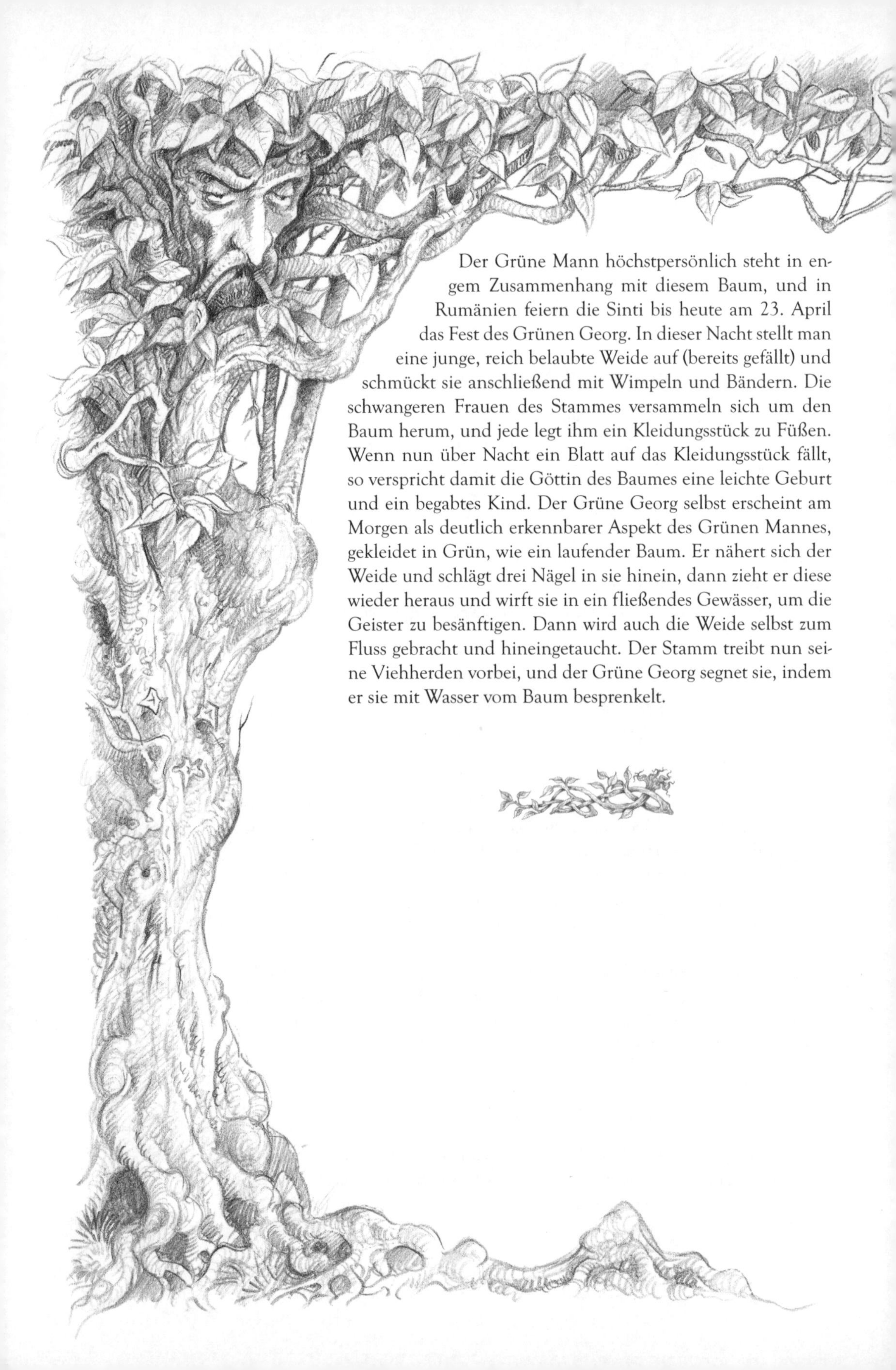

Der Grüne Mann höchstpersönlich steht in engem Zusammenhang mit diesem Baum, und in Rumänien feiern die Sinti bis heute am 23. April das Fest des Grünen Georg. In dieser Nacht stellt man eine junge, reich belaubte Weide auf (bereits gefällt) und schmückt sie anschließend mit Wimpeln und Bändern. Die schwangeren Frauen des Stammes versammeln sich um den Baum herum, und jede legt ihm ein Kleidungsstück zu Füßen. Wenn nun über Nacht ein Blatt auf das Kleidungsstück fällt, so verspricht damit die Göttin des Baumes eine leichte Geburt und ein begabtes Kind. Der Grüne Georg selbst erscheint am Morgen als deutlich erkennbarer Aspekt des Grünen Mannes, gekleidet in Grün, wie ein laufender Baum. Er nähert sich der Weide und schlägt drei Nägel in sie hinein, dann zieht er diese wieder heraus und wirft sie in ein fließendes Gewässer, um die Geister zu besänftigen. Dann wird auch die Weide selbst zum Fluss gebracht und hineingetaucht. Der Stamm treibt nun seine Viehherden vorbei, und der Grüne Georg segnet sie, indem er sie mit Wasser vom Baum besprenkelt.

*Fraxinus excelsior*

N Nuin

# Esche

*Weisheit des Grünen Mannes: Stärke erwächst aus tiefen Wurzeln*

## Deutung

Stärke gibt es in vielerlei Form, und nur zu oft wird sie verwechselt mit Macht. Sie hat aber auch mit Ausdauer zu tun, mit der Fähigkeit, auch angesichts scheinbar unüberwindbarer Schwierigkeiten zu überleben. Als eine der mächtigsten menschlichen Charakterzüge begegnet uns die Stärke vor allem in den dunkleren Kapiteln unserer Geschichte. Sie offenbart sich in dem Wunsch, ein Land zu beschützen oder in der Bereitschaft, für sein Land auch zu sterben. Solche Empfindungen entstehen nur aus einem tiefen Gefühl der Verwurzelung heraus, dem Verbundensein mit einem kleinen Flecken Erde. Die innere Stärke, die Gabe des spirituellen Denkens in jedem Einzelnen von uns, findet sich auch in den Bäumen wieder, deren Leben spendender Saft durch sie hindurchpulst wie Blut und die Kraft aus der Erde heraufholt, um sie wachsen zu lassen. Auch das Wachstum selbst ist ein Aspekt der Stärke, denn wenn wir keine inneren Reserven haben, hören wir vielleicht auf zu wachsen und fühlen uns stattdessen zunehmend schwächer. Was auch immer du suchen magst, die Esche fordert dich auf, dich auf deine Wurzeln zu besinnen und dir deiner inneren Richtung bewusst zu werden, ehe du handelst.

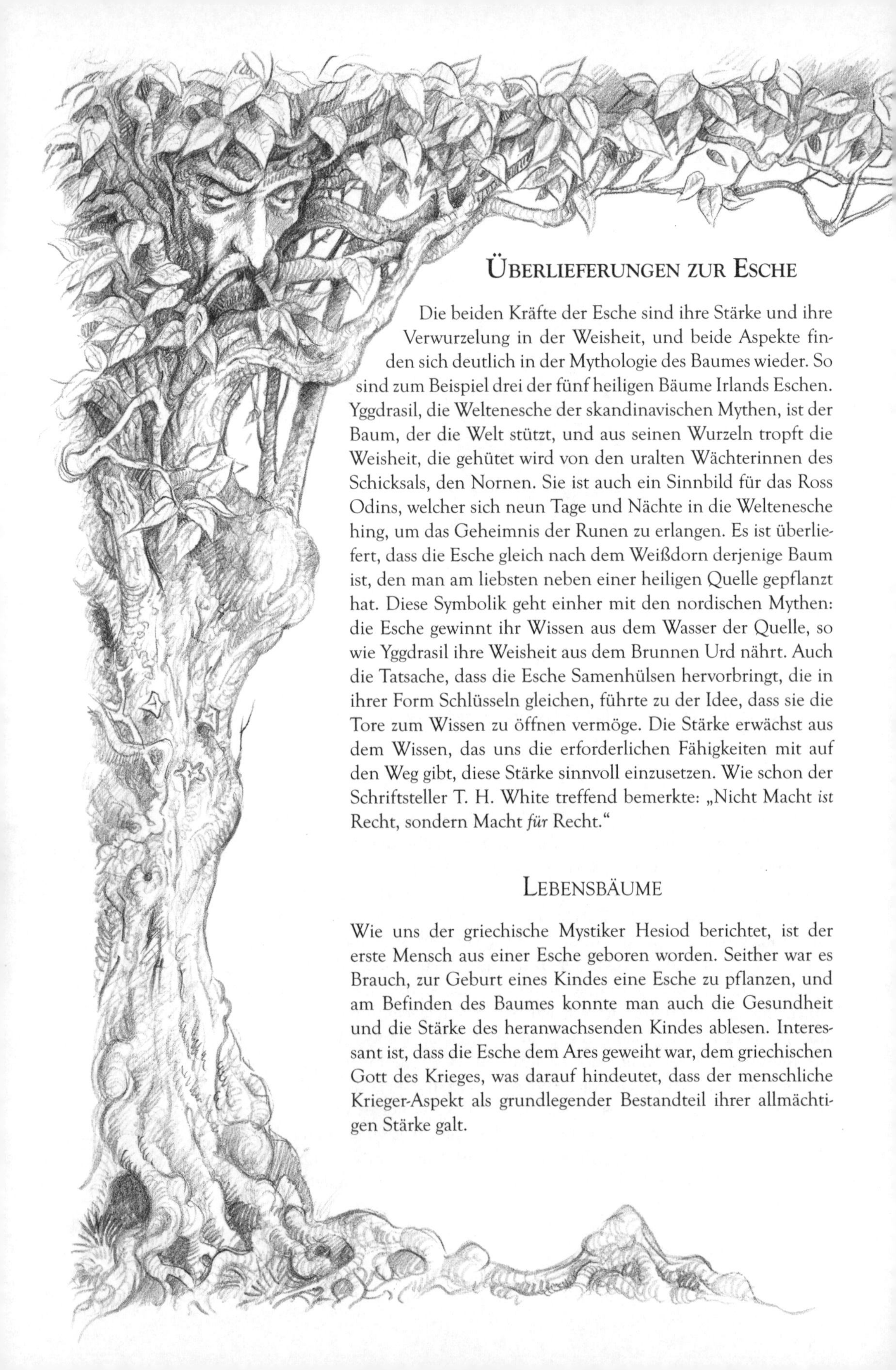

## Überlieferungen zur Esche

Die beiden Kräfte der Esche sind ihre Stärke und ihre Verwurzelung in der Weisheit, und beide Aspekte finden sich deutlich in der Mythologie des Baumes wieder. So sind zum Beispiel drei der fünf heiligen Bäume Irlands Eschen. Yggdrasil, die Weltenesche der skandinavischen Mythen, ist der Baum, der die Welt stützt, und aus seinen Wurzeln tropft die Weisheit, die gehütet wird von den uralten Wächterinnen des Schicksals, den Nornen. Sie ist auch ein Sinnbild für das Ross Odins, welcher sich neun Tage und Nächte in die Weltenesche hing, um das Geheimnis der Runen zu erlangen. Es ist überliefert, dass die Esche gleich nach dem Weißdorn derjenige Baum ist, den man am liebsten neben einer heiligen Quelle gepflanzt hat. Diese Symbolik geht einher mit den nordischen Mythen: die Esche gewinnt ihr Wissen aus dem Wasser der Quelle, so wie Yggdrasil ihre Weisheit aus dem Brunnen Urd nährt. Auch die Tatsache, dass die Esche Samenhülsen hervorbringt, die in ihrer Form Schlüsseln gleichen, führte zu der Idee, dass sie die Tore zum Wissen zu öffnen vermöge. Die Stärke erwächst aus dem Wissen, das uns die erforderlichen Fähigkeiten mit auf den Weg gibt, diese Stärke sinnvoll einzusetzen. Wie schon der Schriftsteller T. H. White treffend bemerkte: „Nicht Macht *ist* Recht, sondern Macht *für* Recht."

## Lebensbäume

Wie uns der griechische Mystiker Hesiod berichtet, ist der erste Mensch aus einer Esche geboren worden. Seither war es Brauch, zur Geburt eines Kindes eine Esche zu pflanzen, und am Befinden des Baumes konnte man auch die Gesundheit und die Stärke des heranwachsenden Kindes ablesen. Interessant ist, dass die Esche dem Ares geweiht war, dem griechischen Gott des Krieges, was darauf hindeutet, dass der menschliche Krieger-Aspekt als grundlegender Bestandteil ihrer allmächtigen Stärke galt.

## MAIBÄUME

Der Brauch, einen Maibaum aufzustellen, oftmals eine gefällte Esche, stammt aus den Überlieferungen zum Weltenbaum. In ganz Europa wird der Baum bis zum heutigen Tage gefällt, entastet und dann in der Mitte des Dorfes errichtet. Daraufhin wird er mit roten, weißen und schwarzen Bändern geschmückt (um Blut, Samen und Erde zu repräsentieren) und den Göttern geweiht. Komplizierte Tänze werden rund um den Maibaum aufgeführt, dabei halten die Tänzer die Bänder fest und weben so ein Muster um den Baum, welches die Bewegungen der Sternenkonstellationen um das Zentrum aller Himmel herum widerspiegeln soll. In dieser Symbolik liegt unser menschlicher Drang, der Reise der Sterne nachzueifern und auch die Verbindung mit Erde und Himmel.

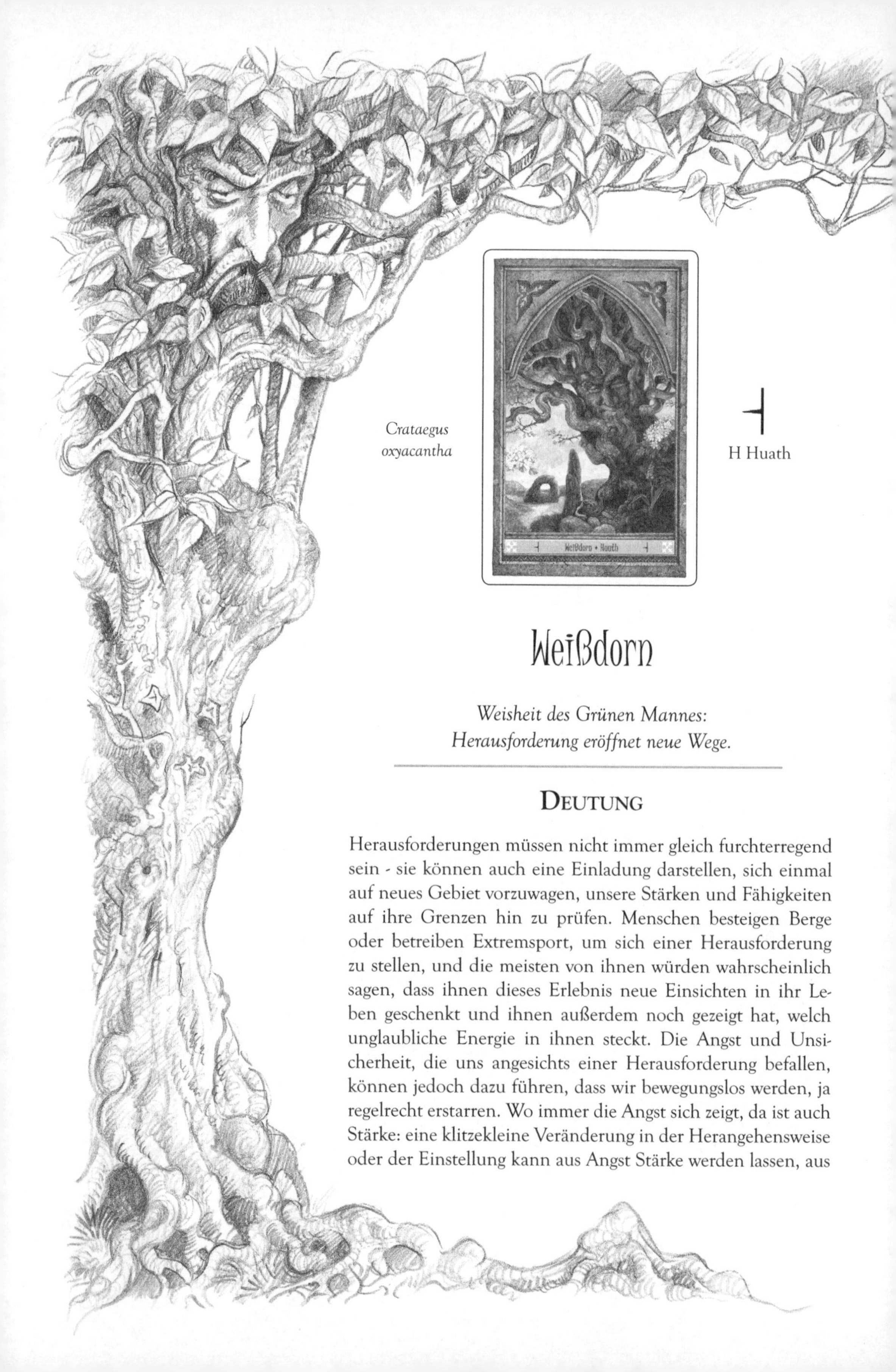


# Weißdorn

*Weisheit des Grünen Mannes:*
*Herausforderung eröffnet neue Wege.*

## Deutung

Herausforderungen müssen nicht immer gleich furchterregend sein - sie können auch eine Einladung darstellen, sich einmal auf neues Gebiet vorzuwagen, unsere Stärken und Fähigkeiten auf ihre Grenzen hin zu prüfen. Menschen besteigen Berge oder betreiben Extremsport, um sich einer Herausforderung zu stellen, und die meisten von ihnen würden wahrscheinlich sagen, dass ihnen dieses Erlebnis neue Einsichten in ihr Leben geschenkt und ihnen außerdem noch gezeigt hat, welch unglaubliche Energie in ihnen steckt. Die Angst und Unsicherheit, die uns angesichts einer Herausforderung befallen, können jedoch dazu führen, dass wir bewegungslos werden, ja regelrecht erstarren. Wo immer die Angst sich zeigt, da ist auch Stärke: eine klitzekleine Veränderung in der Herangehensweise oder der Einstellung kann aus Angst Stärke werden lassen, aus

Unfähigkeit Fähigkeit, und aus Unsicherheit Kühnheit. Eine Herausforderung ist manchmal nicht mehr als ein Eingeständnis, dass dein Leben immer nur in seinem eingefahrenen Trott dahinplätschert und dass es durchaus die Möglichkeit zur Veränderung gibt, du einen neuen Weg ausprobieren und dir neue Ziele stecken kannst. Diese Karte lädt dich ein, deine Lage einmal näher unter die Lupe zu nehmen, herauszufinden, worin die Herausforderungen für dich bestehen und dich ihnen schließlich entgegenzustellen mit so viel Mut und Weisheit, wie du aufbringen kannst.

## Überlieferungen zum Weißdorn

Die Geschichte des Weißdorns ist dicht verwoben mit den traditionellen Mai-Feiern. Zum Zeitpunkt des alten keltischen Festes Beltaine wurde voller Leidenschaft und Wildheit die Ankunft des Sommers gefeiert. Noch im 19. Jahrhundert (und in einigen Gegenden sogar heute noch) wählte man aus den schönsten Mädchen des Dorfes eine Maikönigin, welche in weiße Gewänder gekleidet und mit Weißdornblüten geschmückt wurde. Dann brachte man sie auf geschmückten Wagen oder auf einem Pferd reitend in einer königlichen Prozession, die an Zeiten erinnert, da noch eine Priesterin oder ein Bildnis der Göttin des Sommers diesen Platz einnahmen, von Haus zu Haus, wo sie die Saat und die Ehebetten segnete. Der schwere Duft des Weißdorns soll eine aphrodisierende Wirkung haben, und viele Hochzeiten wurden unter seinen blütenschweren Zweigen gefeiert.

## Der Dorn von Glastonbury

Eine der bekannteren Geschichten um den Weißdorn erzählt von der Ankunft Josephs von Arimathea in Britannien, kurz nachdem Jesus gekreuzigt worden war. Er sah sich nach einem geeigneten Ort um, wo er eine spirituelle Gemeinde gründen könnte, und einigen Legenden zufolge erreichte er, den heiligen Gral bei sich tragend, Somerset und bestieg einen Hügel. Oben angekommen pflanzte er seinen Weißdornstab in die Erde, und sofort sprangen an diesem die Blüten auf. Heute noch steht an dieser Stelle ein Dornenbusch, fast auf dem höchsten Punkt eines Hügels namens Wearyall. An jedem Weihnachten wird ein Schössling ein und desselben Baumes, der in den Ländereien nahe Glastonbury Abbey wächst, zusammen mit einem Zweig dieses Weißdorns (welcher im Dezember blüht) auf den Tisch Ihrer Majestät der Königin gelegt.

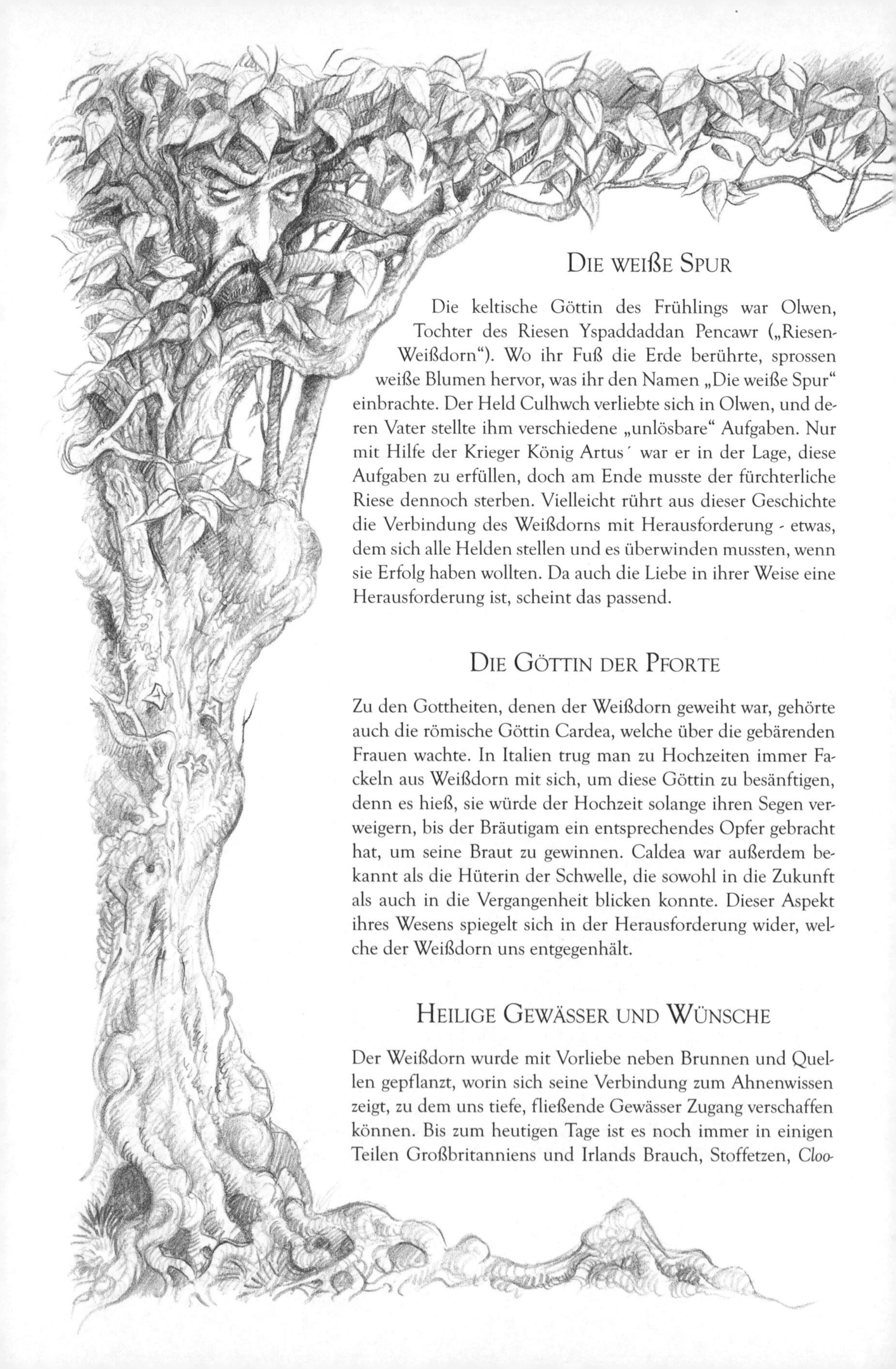

## Die weiße Spur

Die keltische Göttin des Frühlings war Olwen, Tochter des Riesen Yspaddaddan Pencawr („Riesen-Weißdorn"). Wo ihr Fuß die Erde berührte, sprossen weiße Blumen hervor, was ihr den Namen „Die weiße Spur" einbrachte. Der Held Culhwch verliebte sich in Olwen, und deren Vater stellte ihm verschiedene „unlösbare" Aufgaben. Nur mit Hilfe der Krieger König Artus´ war er in der Lage, diese Aufgaben zu erfüllen, doch am Ende musste der fürchterliche Riese dennoch sterben. Vielleicht rührt aus dieser Geschichte die Verbindung des Weißdorns mit Herausforderung - etwas, dem sich alle Helden stellen und es überwinden mussten, wenn sie Erfolg haben wollten. Da auch die Liebe in ihrer Weise eine Herausforderung ist, scheint das passend.

## Die Göttin der Pforte

Zu den Gottheiten, denen der Weißdorn geweiht war, gehörte auch die römische Göttin Cardea, welche über die gebärenden Frauen wachte. In Italien trug man zu Hochzeiten immer Fackeln aus Weißdorn mit sich, um diese Göttin zu besänftigen, denn es hieß, sie würde der Hochzeit solange ihren Segen verweigern, bis der Bräutigam ein entsprechendes Opfer gebracht hat, um seine Braut zu gewinnen. Caldea war außerdem bekannt als die Hüterin der Schwelle, die sowohl in die Zukunft als auch in die Vergangenheit blicken konnte. Dieser Aspekt ihres Wesens spiegelt sich in der Herausforderung wider, welche der Weißdorn uns entgegenhält.

## Heilige Gewässer und Wünsche

Der Weißdorn wurde mit Vorliebe neben Brunnen und Quellen gepflanzt, worin sich seine Verbindung zum Ahnenwissen zeigt, zu dem uns tiefe, fließende Gewässer Zugang verschaffen können. Bis zum heutigen Tage ist es noch immer in einigen Teilen Großbritanniens und Irlands Brauch, Stoffetzen, *Cloo-*

*ties* genannt, an die Zweige des Weißdorns zu binden. Sie stehen für die Wünsche der Menschen und werden dort angebracht in der Hoffnung, dass diese Wünsche sich erfüllen.

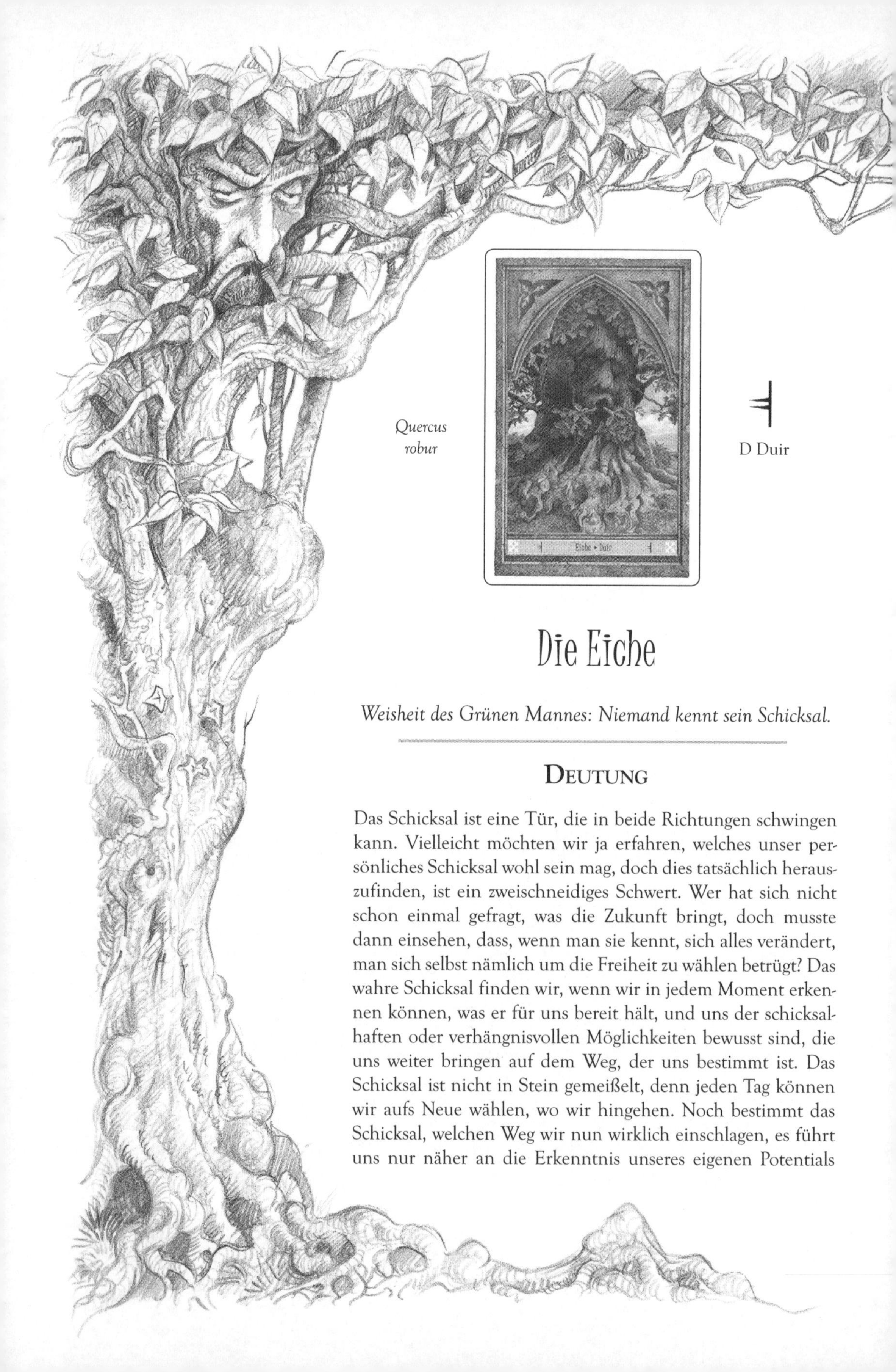


# Die Eiche

*Weisheit des Grünen Mannes: Niemand kennt sein Schicksal.*

## Deutung

Das Schicksal ist eine Tür, die in beide Richtungen schwingen kann. Vielleicht möchten wir ja erfahren, welches unser persönliches Schicksal wohl sein mag, doch dies tatsächlich herauszufinden, ist ein zweischneidiges Schwert. Wer hat sich nicht schon einmal gefragt, was die Zukunft bringt, doch musste dann einsehen, dass, wenn man sie kennt, sich alles verändert, man sich selbst nämlich um die Freiheit zu wählen betrügt? Das wahre Schicksal finden wir, wenn wir in jedem Moment erkennen können, was er für uns bereit hält, und uns der schicksalhaften oder verhängnisvollen Möglichkeiten bewusst sind, die uns weiter bringen auf dem Weg, der uns bestimmt ist. Das Schicksal ist nicht in Stein gemeißelt, denn jeden Tag können wir aufs Neue wählen, wo wir hingehen. Noch bestimmt das Schicksal, welchen Weg wir nun wirklich einschlagen, es führt uns nur näher an die Erkenntnis unseres eigenen Potentials

heran. Wenn wir das begreifen, finden wir Zugang zu Stärke und uraltem Wissen, die uns lehren können, in Harmonie zu leben mit allen Umständen, die das Schicksal für uns bereithält. Wenn du diese Karte gezogen hast, denke darüber nach, was dich wirklich antreibt.

## Überlieferungen zur Eiche

Die Eiche wurde als Erste unter den Bäumen bezeichnet - was uns nicht weiter überrascht, denn nur allzu oft ist sie der größte und imposanteste Baum in jedem Wald. In Großbritannien wird sie oftmals die königliche Eiche genannt, während sie für die Druiden (deren Name übrigens „Eichenweisheit" bedeutet) den zentralen Baum ihrer Mysterien darstellte. In Irland war sie Dagda geweiht, dem Göttervater der keltischen Überlieferung, der wie die Eiche selbst immer gastfreundlich war zu jenen, die seiner bedurften. Die Eiche begegnet uns in Mythen und Brauchtum so häufig, dass sie unzweifelhaft seit frühester Zeit ein heiliger Baum gewesen sein muss. Und wirklich wurde sie von den Nordländern und den Griechen in großen Ehren gehalten, denn die Eiche stand bei ihnen stellvertretend für Thor und Zeus. Die Verwendung von Eichenholz beim Schiffbau - von Jasons großem Schiff *Argo*, welches einen Ast der heiligen Eiche von Dodona im Rumpf hatte, bis zu den schwimmenden Burgen, die Britannien einst gegen die französische Armada verteidigen sollten - hat zu ihrer Assoziation mit Stärke und Ausdauer beigetragen. „Eichenherzen sind unsere Schiffe, Eichenherzen sind unsere Männer", lautet ein altes Lied.

## Orakel und Voraussagen

Die Verbindung der Eiche mit Vorhersagen scheint in den meisten Kulturen vorhanden zu sein. Für die alten Griechen bedeutete der Verzehr von Eicheln, sich Wissen einzuverleiben, und das Eichenheiligtum von Dodona wurde von Priesterinnen gehütet, welche die Zukunft zu deuten vermochten aus dem Rascheln der Blätter jenes gewaltigen Baumes, aus dem Gesang der heiligen Quelle, die ihre Wurzeln tränkte und auch aus dem Verhalten der Vögel in ihrer Krone. All diese Gedanken finden sich auch in den keltischen Überlieferungen wieder, wo die Rede von so mancher heiligen Eiche ist, die als Schlafplatz rätselhafter Vögel diente. Außerdem war die Eiche Taranis geweiht, dem keltischen Gott von Donner und Blitz - und bis heute wird dem Stamm dieses Baumes besondere Ehrbezeugung entgegengebracht, wenn er vom Blitz getroffen wurde.

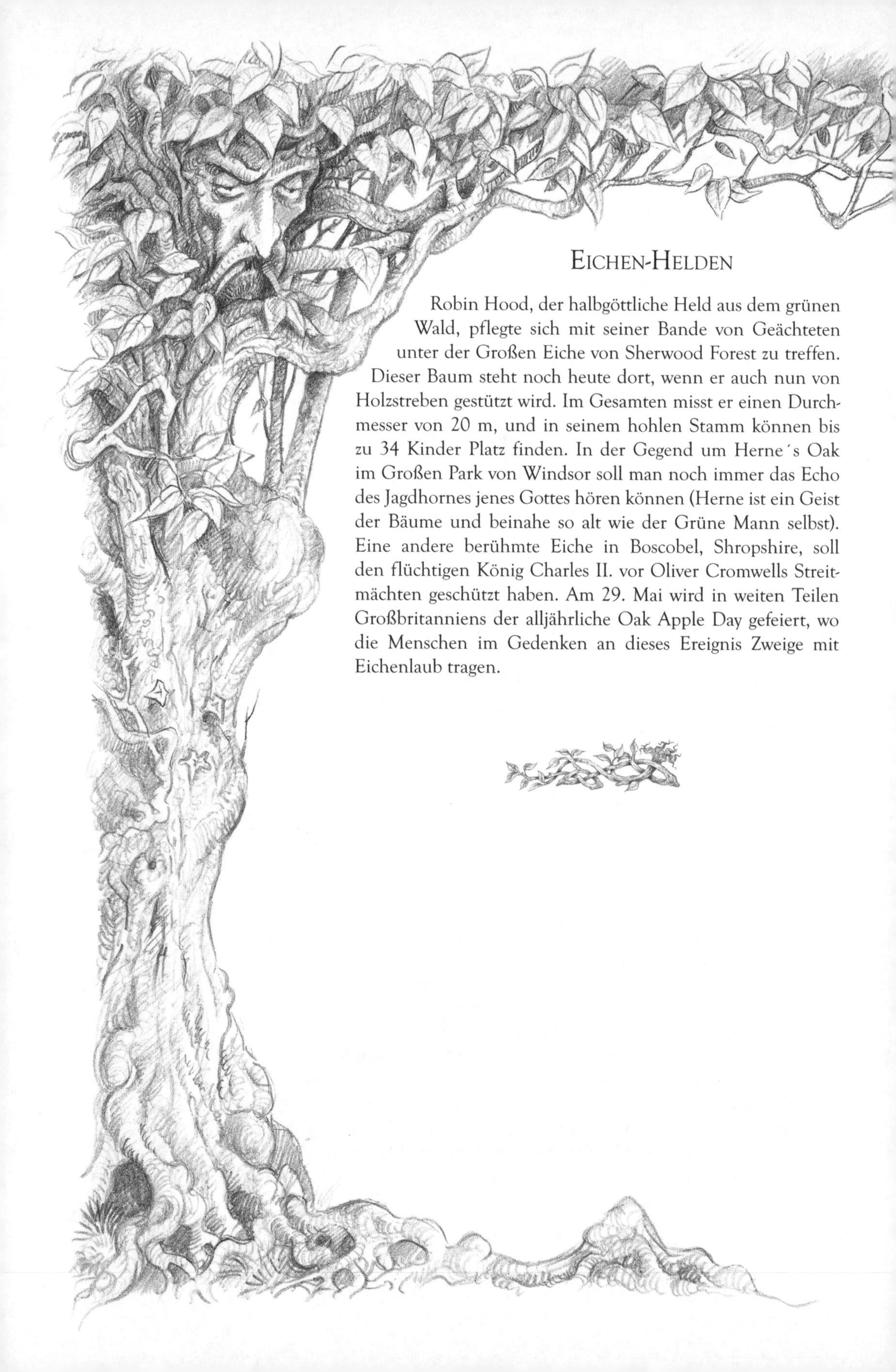

## Eichen-Helden

Robin Hood, der halbgöttliche Held aus dem grünen Wald, pflegte sich mit seiner Bande von Geächteten unter der Großen Eiche von Sherwood Forest zu treffen. Dieser Baum steht noch heute dort, wenn er auch nun von Holzstreben gestützt wird. Im Gesamten misst er einen Durchmesser von 20 m, und in seinem hohlen Stamm können bis zu 34 Kinder Platz finden. In der Gegend um Herne´s Oak im Großen Park von Windsor soll man noch immer das Echo des Jagdhornes jenes Gottes hören können (Herne ist ein Geist der Bäume und beinahe so alt wie der Grüne Mann selbst). Eine andere berühmte Eiche in Boscobel, Shropshire, soll den flüchtigen König Charles II. vor Oliver Cromwells Streitmächten geschützt haben. Am 29. Mai wird in weiten Teilen Großbritanniens der alljährliche Oak Apple Day gefeiert, wo die Menschen im Gedenken an dieses Ereignis Zweige mit Eichenlaub tragen.

*Ilex aquafolium*

T Tinne

# Stechpalme

*Weisheit des Grünen Mannes: Jede Handlung ist von Energie durchflossen.*

## Deutung

Das Freiwerden von Energie treibt jedes Handeln voran. Die Stechpalme ist ein ungemein heftig und heiß brennendes Holz und sorgt für ein ungestümes Feuer. In einem Extrem können Taten angetrieben sein von Ärger, was dann zu kriegsähnlichen Handlungen bei einem Volk oder aggressivem Verhalten bei einzelnen Personen führen kann. Im anderen Extrem können sehr starke Empfindungen dynamische Veränderungen hervorbringen, die von jedem wahrgenommen werden können. Wir müssen einen Weg finden, unsere Gefühle zu zügeln und sie in sinnvolle Bahnen zu lenken. So machen es die friedlichen Krieger, die ihre Fähigkeiten und ihre Stärke darauf verwenden, negative Dinge eher zu bekämpfen anstatt sie hervorzurufen. Die Stechpalme fordert dich auf, zu handeln, aber auch die möglichen Konsequenzen deiner Taten zu bedenken, dich zu versichern, dass nicht dein Herz die Oberhand über deinen Kopf gewinnt oder deine Energien sich zu schnell verbrauchen. Die Stechpalme hilft uns, die nötige Leidenschaft für eine Sache aufzubringen, sei es ein neues oder ein altes Projekt. Ihre ungestüme Natur regt uns dazu an, unser Leben selbst in die Hand zu nehmen und alle Möglichkeiten wahrzunehmen, die uns begegnen mögen.

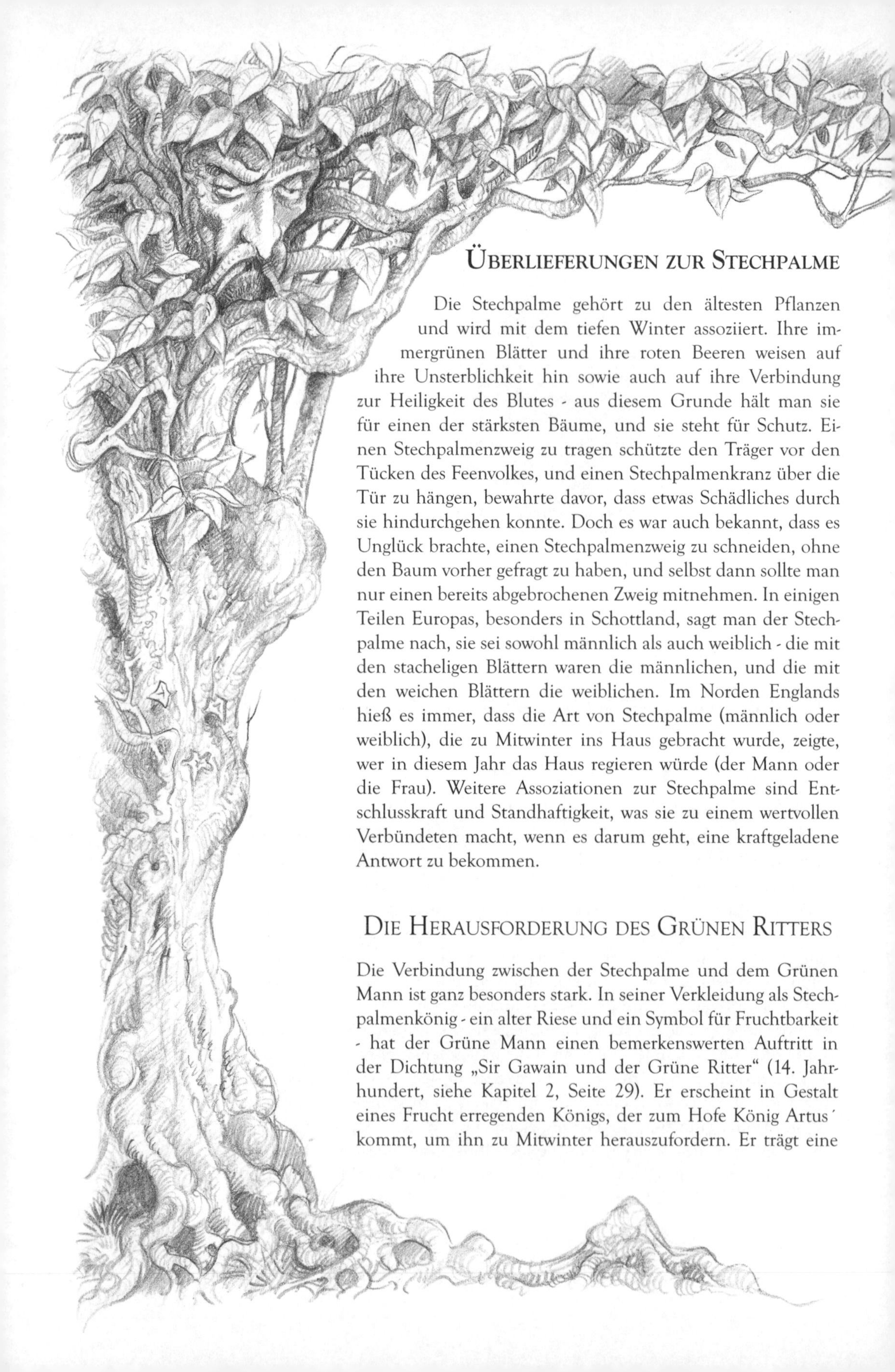

## Überlieferungen zur Stechpalme

Die Stechpalme gehört zu den ältesten Pflanzen und wird mit dem tiefen Winter assoziiert. Ihre immergrünen Blätter und ihre roten Beeren weisen auf ihre Unsterblichkeit hin sowie auch auf ihre Verbindung zur Heiligkeit des Blutes - aus diesem Grunde hält man sie für einen der stärksten Bäume, und sie steht für Schutz. Einen Stechpalmenzweig zu tragen schützte den Träger vor den Tücken des Feenvolkes, und einen Stechpalmenkranz über die Tür zu hängen, bewahrte davor, dass etwas Schädliches durch sie hindurchgehen konnte. Doch es war auch bekannt, dass es Unglück brachte, einen Stechpalmenzweig zu schneiden, ohne den Baum vorher gefragt zu haben, und selbst dann sollte man nur einen bereits abgebrochenen Zweig mitnehmen. In einigen Teilen Europas, besonders in Schottland, sagt man der Stechpalme nach, sie sei sowohl männlich als auch weiblich - die mit den stacheligen Blättern waren die männlichen, und die mit den weichen Blättern die weiblichen. Im Norden Englands hieß es immer, dass die Art von Stechpalme (männlich oder weiblich), die zu Mitwinter ins Haus gebracht wurde, zeigte, wer in diesem Jahr das Haus regieren würde (der Mann oder die Frau). Weitere Assoziationen zur Stechpalme sind Entschlusskraft und Standhaftigkeit, was sie zu einem wertvollen Verbündeten macht, wenn es darum geht, eine kraftgeladene Antwort zu bekommen.

## Die Herausforderung des Grünen Ritters

Die Verbindung zwischen der Stechpalme und dem Grünen Mann ist ganz besonders stark. In seiner Verkleidung als Stechpalmenkönig - ein alter Riese und ein Symbol für Fruchtbarkeit - hat der Grüne Mann einen bemerkenswerten Auftritt in der Dichtung „Sir Gawain und der Grüne Ritter“ (14. Jahrhundert, siehe Kapitel 2, Seite 29). Er erscheint in Gestalt eines Frucht erregenden Königs, der zum Hofe König Artus´ kommt, um ihn zu Mitwinter herauszufordern. Er trägt eine

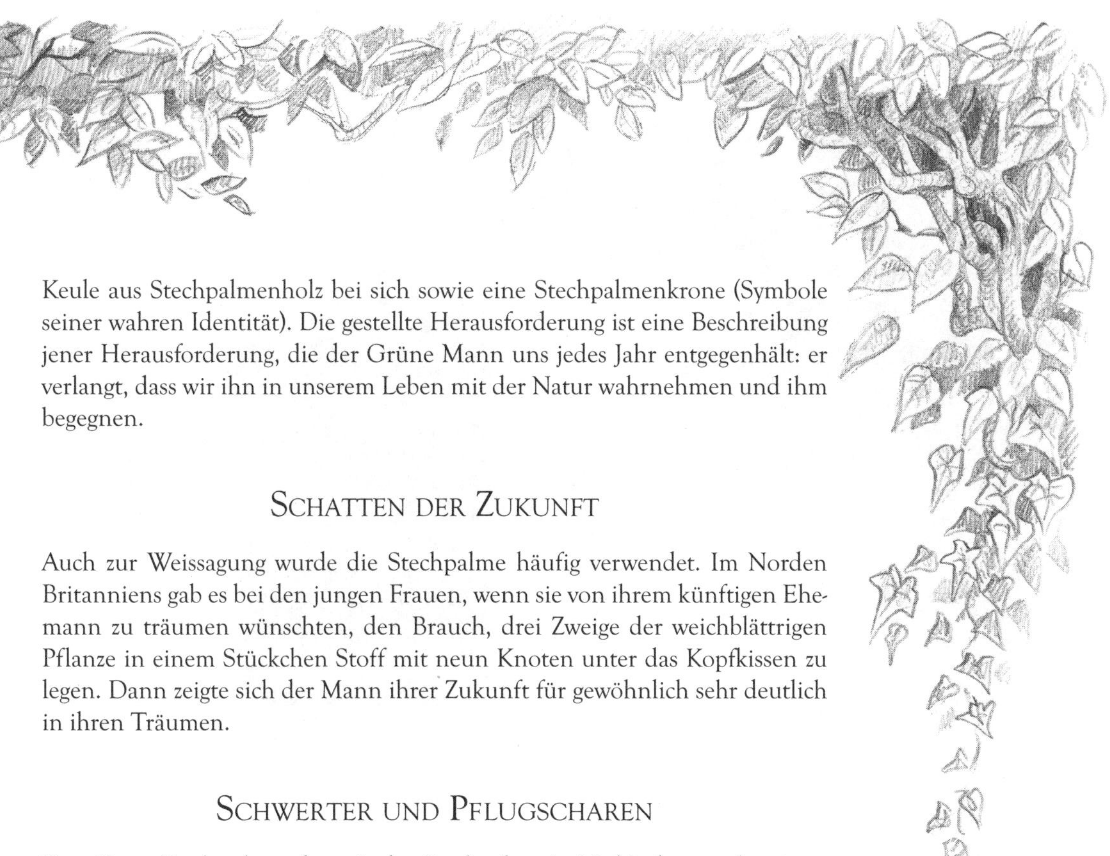

Keule aus Stechpalmenholz bei sich sowie eine Stechpalmenkrone (Symbole seiner wahren Identität). Die gestellte Herausforderung ist eine Beschreibung jener Herausforderung, die der Grüne Mann uns jedes Jahr entgegenhält: er verlangt, dass wir ihn in unserem Leben mit der Natur wahrnehmen und ihm begegnen.

## Schatten der Zukunft

Auch zur Weissagung wurde die Stechpalme häufig verwendet. Im Norden Britanniens gab es bei den jungen Frauen, wenn sie von ihrem künftigen Ehemann zu träumen wünschten, den Brauch, drei Zweige der weichblättrigen Pflanze in einem Stückchen Stoff mit neun Knoten unter das Kopfkissen zu legen. Dann zeigte sich der Mann ihrer Zukunft für gewöhnlich sehr deutlich in ihren Träumen.

## Schwerter und Pflugscharen

Den Ogam-Buchstaben, der mit der Stechpalme in Verbindung steht, *tinne*, kann man mit „Feuer" übersetzen - und tatsächlich gab es eine lange währende Verbindung zwischen diesem Baum und den heiligen Feuern, die man zur Wintersonnwende entzündete. Holzkohle aus Stechpalmenholz galt als ganz besonders mächtig; Schmiede verwendeten sie, wenn sie Schwerter herstellten. Dieser Buchstabe beinhaltet auch die Kraft, aggressiv zu handeln, was von dieser alten Assoziation mit den Schmieden rühren könnte. Der Schmied galt fast schon als gottesgleich, denn er vermochte geschmolzenes Metall in Schwerter und Pflugscharen zu verwandeln - und dass die Stechpalme ihr Übriges dazu tat, machte die Magie nur noch wirkungsvoller.

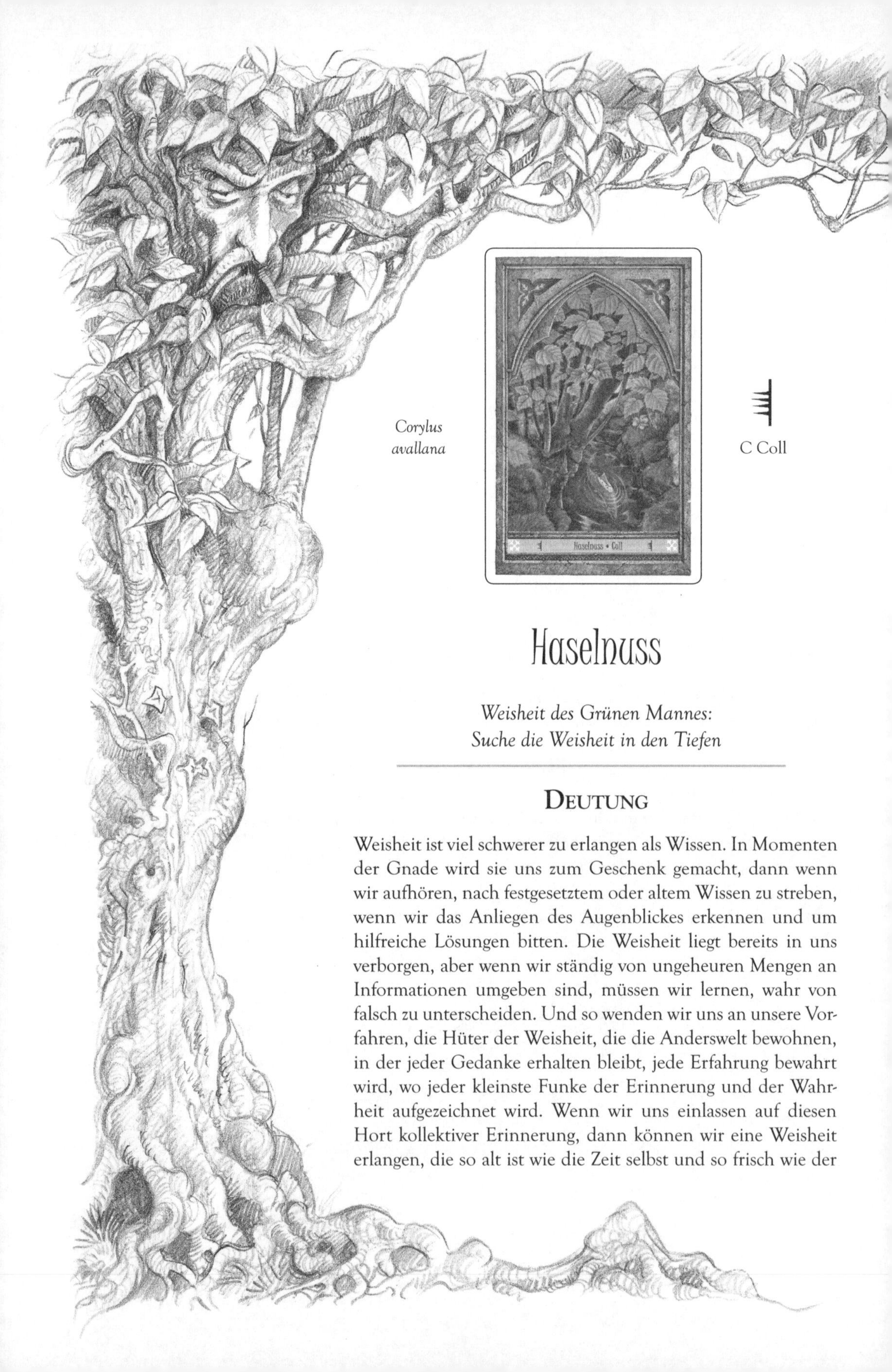


*Corylus avallana*

C Coll

# Haselnuss

*Weisheit des Grünen Mannes:*
*Suche die Weisheit in den Tiefen*

---

## Deutung

Weisheit ist viel schwerer zu erlangen als Wissen. In Momenten der Gnade wird sie uns zum Geschenk gemacht, dann wenn wir aufhören, nach festgesetztem oder altem Wissen zu streben, wenn wir das Anliegen des Augenblickes erkennen und um hilfreiche Lösungen bitten. Die Weisheit liegt bereits in uns verborgen, aber wenn wir ständig von ungeheuren Mengen an Informationen umgeben sind, müssen wir lernen, wahr von falsch zu unterscheiden. Und so wenden wir uns an unsere Vorfahren, die Hüter der Weisheit, die die Anderswelt bewohnen, in der jeder Gedanke erhalten bleibt, jede Erfahrung bewahrt wird, wo jeder kleinste Funke der Erinnerung und der Wahrheit aufgezeichnet wird. Wenn wir uns einlassen auf diesen Hort kollektiver Erinnerung, dann können wir eine Weisheit erlangen, die so alt ist wie die Zeit selbst und so frisch wie der

Morgen. Wenn man in Not ist, kann man glauben, dass man über genügend Wissen verfügt, das Problem zu lösen, doch die Tiefen der Ahnenweisheit machen das, was wir wissen, zu etwas weit Mächtigerem und Passenderem für das, wonach wir streben. Die Botschaft, welche uns die Hasel verkündet, ist tiefer einzutauchen in unseren Wissensschatz und die wirklich entscheidenden Dinge ausfindig zu machen, die dir dein Handeln klarer erscheinen lassen.

## Überlieferungen zur Haselnuss

Für die Kelten hatte die Hasel eine tiefe Verbindung zur Weisheit, und ihre Frucht (bekannt als „die Speise der Götter") hat einen bedeutenden Platz in ihrer Ikonographie des Lernens inne. In der irischen Überlieferung ist die Rede von einem heiligen Lachs, der in einem Teich schwimmt, der von neun Haselbäumen umringt ist. Sobald die Nüsse von ihnen herabfielen, wurden sie vom Lachs verspeist, der sie dann in seiner jährlichen Laichzeit mit sich aufs Meer hinaus nahm und wieder zurückbrachte. Dieser endlose Kreislauf ist eine Metapher für das Weitergeben der Weisheit von Altersstufe zu Altersstufe und von Mensch zu Mensch. Der Lachs an sich galt bereits als heiliges Tier, und dass er nun auch noch von der Frucht der Weisheit aß, machte ihn gleich doppelt wertvoll. In der keltischen Literatur ist sehr oft die Rede von Helden, die, wenn sie vom Fleisch des Lachses aßen, von Weisheit durchdrungen wurden, wodurch sie sich fortan vom Rest der Menschheit deutlich unterschieden.

## Der Zweck der wahren Liebe

Über die Jahrhunderte hat die uralte Assoziation der Hasel mit Weisheit unzählige Formen angenommen. In den keltischen Mythen trägt der keltische Gott der Liebe einen Zauberstab aus Haselnuss bei sich, woraus wahrscheinlich der Gedanke entstand, dass die Hasel den Erfolg oder das Scheitern der Brautwerbung vorhersagen könne: die Liebenden legten zwei Haselnüsse in ein Feuer oder in einen Teich. Blieben die Nüsse dann eng beieinander, dann wäre die Zukunft des Paares glücklich, zersprangen sie aber in den Flammen oder trieben im Wasser auseinander, dann würde den Liebenden bald dasselbe geschehen. In Wales fertigten die Menschen seinerzeit Mützen aus Haselzweigen, denn das sollte gute Träume bescheren und zu weisem Verständnis führen.

## Der Feenbaum

In der irischen Gesetzgebung wurde der Hasel eine so enorme Bedeutung beigemessen, dass die Todesstrafe darauf stand, einen dieser Bäume versehentlich zu fällen oder zu verletzen (neben ihr wurde nur der Apfelbaum auf diese Weise verehrt). Die Zweige der Hasel werden noch heute als Wünschelruten eingesetzt, um Wasseradern oder Mineralien aufzuspüren, und in den Händen eines erfahrenen Experten können sie ein sehr effektives Werkzeug sein. Sobald das Gesuchte in der Nähe ist, schlägt die Rute zur Erde hin aus oder erzittert. Man sagt, solch einen Zweig für eine Wünschelrute sollte man am besten zur Sommersonnwende schneiden, denn dann soll die Kraft des Baumes am stärksten sein. Gemessen an ihrer Geschichte brauche ich wahrscheinlich nicht zu erwähnen, dass die Hasel auch in engem Zusammenhang mit dem Feenvolk steht: es heißt, wenn zwei Haselbäume eng beieinander wachsen, besonders in der Nähe von Wasser, dann bilden sie eine Pforte in die Anderswelt, und die, die es wagen hindurchzugehen, werden sich wahrscheinlich im Königreich der Feen wiederfinden.

*Pyrus malus/ communis*

Q Quert

# Apfelbaum

*Weisheit des Grünen Mannes: Visionen erhellen den Weg*

## Deutung

Visionen blicken unter die Oberfläche der Dinge. Sie erlauben unserer Wahrnehmung, weiser zu werden, und unserem Herzen, weiter zu blicken, als es ihm normalerweise möglich wäre. Jeden Tag haben wir ein oberflächliches Abbild der Wirklichkeit vor unseren Augen, das sowohl beruhigend als auch irreführend sein kann. Und weil es uns normal erscheint, denken wir, dass alles genauso ist, wie es sein sollte, doch das ist nur eine sehr rasche Beobachtung ohne jede Tiefe. Die Vision hilft uns dabei, unter die Oberfläche der Dinge zu blicken und in das Herz der Wirklichkeit zu schauen, in dem sich die Wahrheit offenbart. Mit dieser Hilfe wird es für uns viel leichter, die Antworten auf unsere Fragen zu finden, hinter die einfachen Möglichkeiten zu schauen und die kompliziertere (doch viel wertvollere) Wahrheit zu entdecken, die sich so gern vor uns versteckt. Mit der Unterstützung des Grünen Mannes selbst und der visionären Wahrnehmung, die uns der Apfel zugänglich macht, haben wir die Pflicht, tiefer in die Wahrheit einzutauchen, als wir es je zuvor getan haben. Auf diese Weise finden wir die wahre Bedeutung der Geschehnisse heraus, die uns sonst verwirrend und unergründlich erschienen wären.

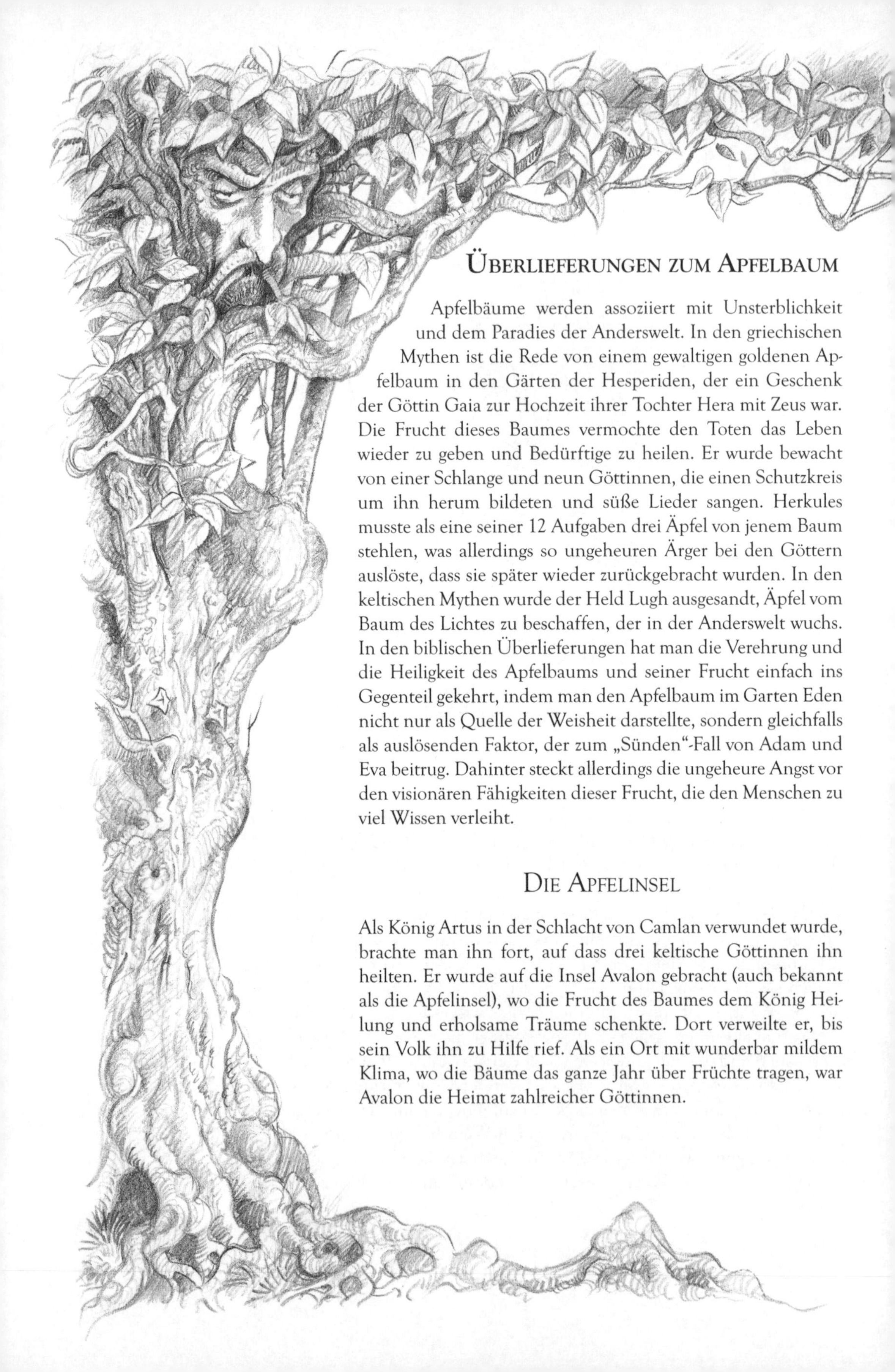

## Überlieferungen zum Apfelbaum

Apfelbäume werden assoziiert mit Unsterblichkeit und dem Paradies der Anderswelt. In den griechischen Mythen ist die Rede von einem gewaltigen goldenen Apfelbaum in den Gärten der Hesperiden, der ein Geschenk der Göttin Gaia zur Hochzeit ihrer Tochter Hera mit Zeus war. Die Frucht dieses Baumes vermochte den Toten das Leben wieder zu geben und Bedürftige zu heilen. Er wurde bewacht von einer Schlange und neun Göttinnen, die einen Schutzkreis um ihn herum bildeten und süße Lieder sangen. Herkules musste als eine seiner 12 Aufgaben drei Äpfel von jenem Baum stehlen, was allerdings so ungeheuren Ärger bei den Göttern auslöste, dass sie später wieder zurückgebracht wurden. In den keltischen Mythen wurde der Held Lugh ausgesandt, Äpfel vom Baum des Lichtes zu beschaffen, der in der Anderswelt wuchs. In den biblischen Überlieferungen hat man die Verehrung und die Heiligkeit des Apfelbaums und seiner Frucht einfach ins Gegenteil gekehrt, indem man den Apfelbaum im Garten Eden nicht nur als Quelle der Weisheit darstellte, sondern gleichfalls als auslösenden Faktor, der zum „Sünden"-Fall von Adam und Eva beitrug. Dahinter steckt allerdings die ungeheure Angst vor den visionären Fähigkeiten dieser Frucht, die den Menschen zu viel Wissen verleiht.

## Die Apfelinsel

Als König Artus in der Schlacht von Camlan verwundet wurde, brachte man ihn fort, auf dass drei keltische Göttinnen ihn heilten. Er wurde auf die Insel Avalon gebracht (auch bekannt als die Apfelinsel), wo die Frucht des Baumes dem König Heilung und erholsame Träume schenkte. Dort verweilte er, bis sein Volk ihn zu Hilfe rief. Als ein Ort mit wunderbar mildem Klima, wo die Bäume das ganze Jahr über Früchte tragen, war Avalon die Heimat zahlreicher Göttinnen.

## Die schönste Göttin

Die Äpfel sind so mancher großen Göttin geweiht, darunter Aphrodite, die griechische Göttin der Liebe. Als Zeus einen Wettstreit zwischen drei Göttinnen - Hera, Athene und Aphrodite - veranlasste, um ihre Auseinandersetzung darüber zu mildern, welche von ihnen die schönste sei, bestach er den sterblichen Paris, Aphrodite als Preis einen goldenen Apfel zu verleihen. Die Göttinnen taten alles, was in ihrer Macht stand, Paris zu überzeugen, dass sie diesen Preis verdient hatten, er aber gehorchte dem Zeus. Letztlich war all dies ausschlaggebend für den trojanischen Krieg, denn die enttäuschten Göttinnen sorgten dafür, dass Paris sich in Helena von Sparta verliebte, wodurch er einen Streit auslöste, der 20 Jahre andauerte. Schneidet man einen Apfel in der Mitte durch, dann findet man in seinem Inneren fünf Kerne (eine der Aphrodite geweihte Zahl), angeordnet in Form eines Sternes (Pentagramms).

## Winterbräuche

Der Glaube an die Heiligkeit des Apfels ist bis heute in einem Brauch zur Wintersonnwende erhalten geblieben, bei dem sich die Bauern und das Landvolk um die Bäume herum versammeln, singen und viel Lärm veranstalten, um die bösen Geister zu vertreiben und das Gedeihen des Baumes zu sichern. Wenn man die Obstgärten aberntete, ließ man oftmals die letzte Frucht am Baum hängen als Gabe für den Apfelmann, welcher den Geist des Baumes repräsentiert.

*Rubus fruticosus*

M Muin

# Brombeere

*Weisheit des Grünen Mannes:*
*Bringe in Sicherheit, was dir am Herzen liegt*

## Deutung

Wir leben in einer habgierigen Konsumgesellschaft, und das verführt uns dazu, Dinge zu hamstern und uns ins Zeug zu legen für noch mehr Gewinn; doch das Verdienen und Ausgeben kann uns in einen endlosen Strudel aus Arbeit hineinziehen, wo die Gier nach immer mehr Geld jegliche Befriedigung verhindern wird. Wir vernachlässigen die Dinge, die wir lieben, die Fähigkeiten, die wir einst an uns schätzten und vergessen unsere Herzensträume, weil die Welt ihnen einfach keinen Wert beimisst. Doch diese liebgewonnenen Dinge sind die wahre Währung in unserem Leben, doch leider haben wir vergessen, diese Ernte gebührend zu feiern. Der Erntezyklus kann uns lehren, dass wir uns nicht an Dingen festbeißen sollten, die überhaupt keinen Nutzen für uns haben. Wenn wir zur rechten Zeit die Früchte und das Korn heimbringen, dann wird es uns

während der dunklen Wintertage nähren - aber wenn wir sie nicht brauchen, dann verfaulen sie. Auch die Gedanken, Träume und Ideen, die aus den Tiefen unserer Erntezeit zu uns heraufblicken, möchten lebendig bleiben. Wir müssen das loslassen, was nicht mehr zu uns passt, was wir nicht mehr brauchen, und nur das ernten, was wir auch wirklich verbrauchen können.

## Überlieferungen zur Brombeere

Die ältesten Hinweise auf diesen Buchstaben (*muin*) beschreiben ihn als Weinrebe - was etwas seltsam anmutet, denn in der keltischen Welt gab es gar keinen einheimischen Wein. Die meisten Kommentatoren empfanden die Brombeere als dem Wein am nächsten verwandt, denn beide wuchern mit Leichtigkeit regelrecht über den Boden oder über Wände. In einigen Kulturen heißt es, die Brombeere sei der Busch gewesen, in den der Engel Lucifer gefallen sei, als man ihn aus dem Himmel stieß. Das hat wohl dazu geführt, dass man mit der Brombeere nicht ganz so erfreuliche Dinge assoziiert - die sogenannten „Brombeerwinter" sind zum Beispiel besonders streng.

## Feenfrüchte

In Britannien gelten die Brombeeren als Eigentum des Feenvolkes und dürfen nur mit deren Erlaubnis gepflückt werden. Eine recht finstere Assoziation ist die mit der Dornenkrone, wie wir sie in Mallorca, Britannien, Schottland und Irland finden, denn die roten oder schwarzen Beeren gleichen kleinen Blutstropfen. Vielleicht wurden der Brombeere aufgrund dieser Assoziationen immer schon starke Heilkräfte zugesprochen. Keuchhusten sollte geheilt werden, wenn man neun Brombeerblätter in Wasser eintauchte; und Kinder, die an ähnlichen Krankheiten litten, reichte man unter einem Brombeerzweig hindurch, der mit beiden Enden im Boden verwachsen war.

## Auf der Suche nach der Seele

Die Zähigkeit der Brombeere, die sich sehr schnell verwurzelt und eigentlich überhaupt nicht auszurotten ist, schlägt eine Brücke zur tiefen Verwurzelung der Erntebräuche. Wir dürfen aber auch die Dornbüsche und Brombeersträucher aus den Märchen nicht außer Acht lassen. In der Geschichte von Dornröschen - in der der Prinz sich durch ein Gestrüpp hundert Jahre alter Dornbüsche schlagen muss, um seine Entschlossenheit unter Beweis

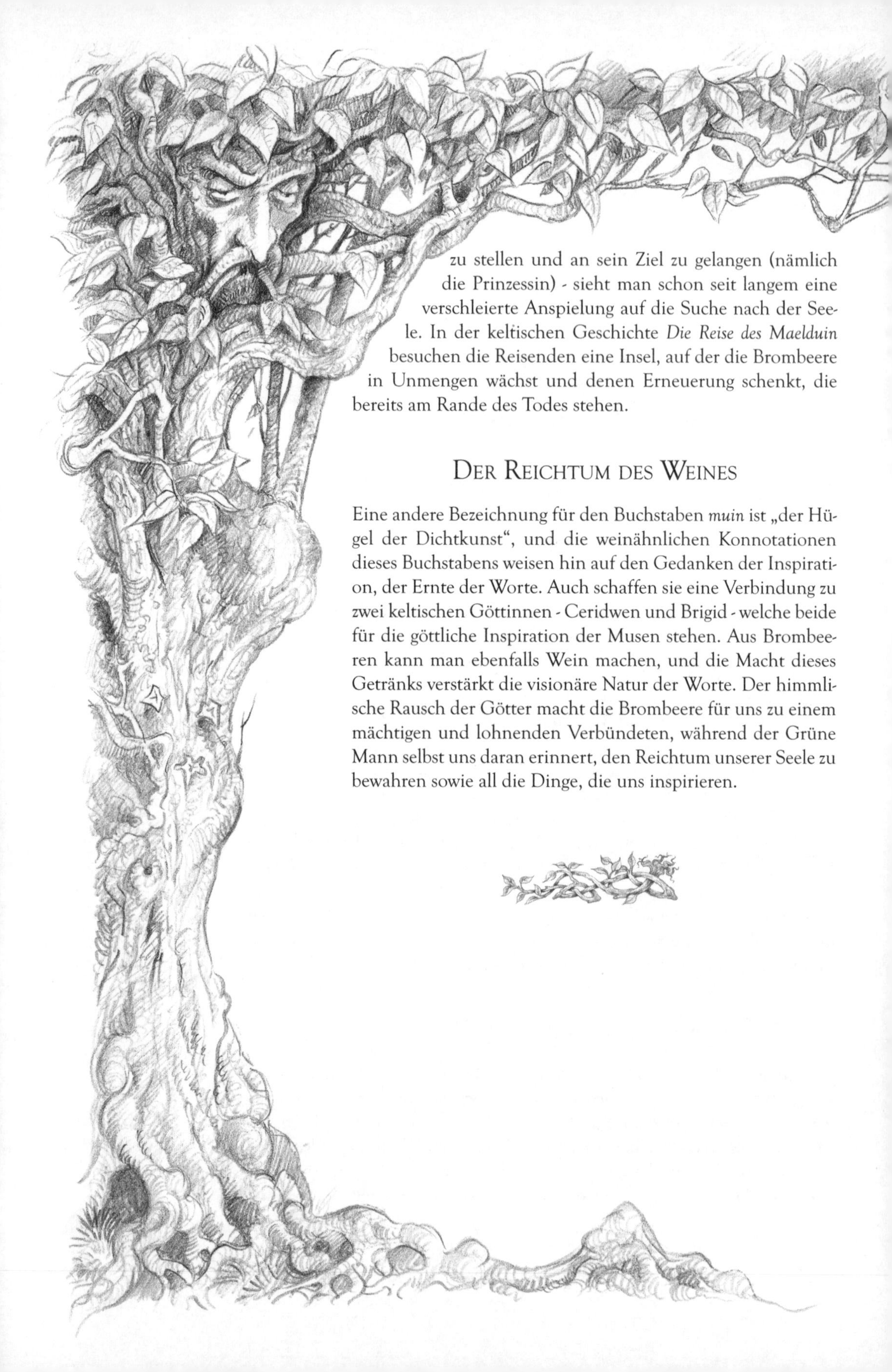

zu stellen und an sein Ziel zu gelangen (nämlich die Prinzessin) - sieht man schon seit langem eine verschleierte Anspielung auf die Suche nach der Seele. In der keltischen Geschichte *Die Reise des Maelduin* besuchen die Reisenden eine Insel, auf der die Brombeere in Unmengen wächst und denen Erneuerung schenkt, die bereits am Rande des Todes stehen.

## Der Reichtum des Weines

Eine andere Bezeichnung für den Buchstaben *muin* ist „der Hügel der Dichtkunst", und die weinähnlichen Konnotationen dieses Buchstabens weisen hin auf den Gedanken der Inspiration, der Ernte der Worte. Auch schaffen sie eine Verbindung zu zwei keltischen Göttinnen - Ceridwen und Brigid - welche beide für die göttliche Inspiration der Musen stehen. Aus Brombeeren kann man ebenfalls Wein machen, und die Macht dieses Getränks verstärkt die visionäre Natur der Worte. Der himmlische Rausch der Götter macht die Brombeere für uns zu einem mächtigen und lohnenden Verbündeten, während der Grüne Mann selbst uns daran erinnert, den Reichtum unserer Seele zu bewahren sowie all die Dinge, die uns inspirieren.

*Hedera helix*

G Gort

# Efeu

*Weisheit des Grünen Mannes: Stärke ist auch, sich helfen zu lassen*

## Deutung

Unterstützung kann von vielen Seiten kommen - von Fremden, aus spirituellen Reserven, von Familienmitgliedern oder Freunden -, aber diese Unterstützung auch annehmen zu können, davor scheuen sich die meisten, denn dann müssen wir uns eingestehen, dass wir mit unseren eigenen Kräften am Ende und nicht vollkommen selbständig sind. Doch auch die Natur sehnt sich einmal nach Hilfe und bekommt sie auch in Zeiten der Not, und als ihre Kinder sollten wir eigentlich in der Lage sein, das ebenfalls zulassen zu können. In einer Gesellschaft, die gesteigerten Wert auf Unabhängigkeit legt, mühen sich viele Menschen bis zur Erschöpfung ab und kämen niemals auf die Idee, jemand anderen um Hilfe zu ersuchen, wenn sie diese auch noch so verzweifelt nötig haben. Aber Stärke wächst nur dann, wenn wir auch ruhen oder anderen erlauben, uns zu unterstützen - und wenn auch nur für einen kurzen Moment. Stolz und Sturheit sollten der Hilfe, wenn sie dir geboten wird, nicht im Wege stehen, denn Freunde können uns auf so viele Arten unwahrscheinlich stärken. Die Weisheit des Grünen Mannes lautet deshalb hier im Besonderen: Unterstützung annehmen zu können gehört zu den wichtigsten Dingen überhaupt.

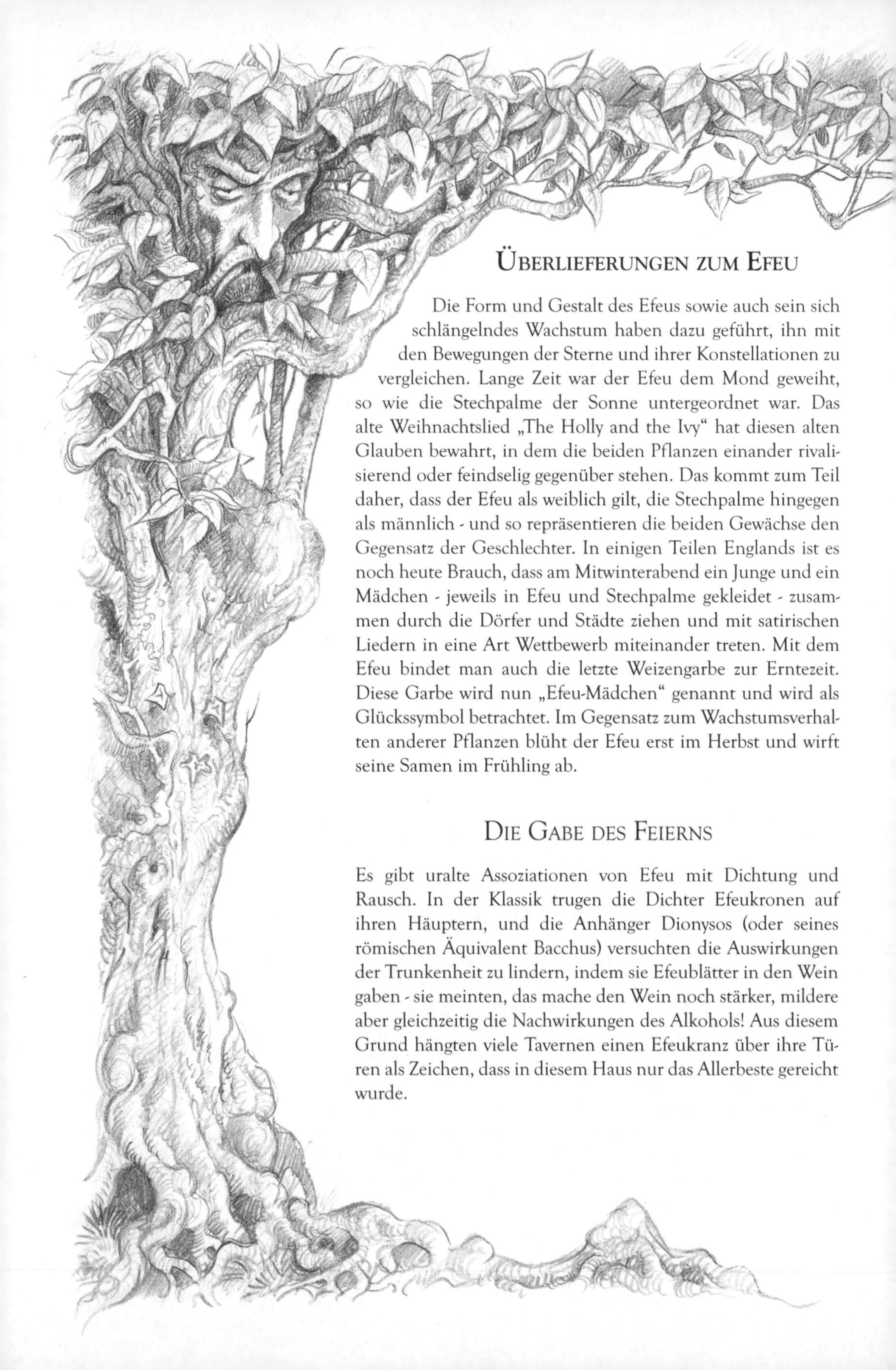

## Überlieferungen zum Efeu

Die Form und Gestalt des Efeus sowie auch sein sich schlängelndes Wachstum haben dazu geführt, ihn mit den Bewegungen der Sterne und ihrer Konstellationen zu vergleichen. Lange Zeit war der Efeu dem Mond geweiht, so wie die Stechpalme der Sonne untergeordnet war. Das alte Weihnachtslied „The Holly and the Ivy" hat diesen alten Glauben bewahrt, in dem die beiden Pflanzen einander rivalisierend oder feindselig gegenüber stehen. Das kommt zum Teil daher, dass der Efeu als weiblich gilt, die Stechpalme hingegen als männlich - und so repräsentieren die beiden Gewächse den Gegensatz der Geschlechter. In einigen Teilen Englands ist es noch heute Brauch, dass am Mitwinterabend ein Junge und ein Mädchen - jeweils in Efeu und Stechpalme gekleidet - zusammen durch die Dörfer und Städte ziehen und mit satirischen Liedern in eine Art Wettbewerb miteinander treten. Mit dem Efeu bindet man auch die letzte Weizengarbe zur Erntezeit. Diese Garbe wird nun „Efeu-Mädchen" genannt und wird als Glückssymbol betrachtet. Im Gegensatz zum Wachstumsverhalten anderer Pflanzen blüht der Efeu erst im Herbst und wirft seine Samen im Frühling ab.

## Die Gabe des Feierns

Es gibt uralte Assoziationen von Efeu mit Dichtung und Rausch. In der Klassik trugen die Dichter Efeukronen auf ihren Häuptern, und die Anhänger Dionysos (oder seines römischen Äquivalent Bacchus) versuchten die Auswirkungen der Trunkenheit zu lindern, indem sie Efeublätter in den Wein gaben - sie meinten, das mache den Wein noch stärker, mildere aber gleichzeitig die Nachwirkungen des Alkohols! Aus diesem Grund hängten viele Tavernen einen Efeukranz über ihre Türen als Zeichen, dass in diesem Haus nur das Allerbeste gereicht wurde.

## Die Bacchae

Aus der Klassik sind uns die Bacchae bekannt (Priesterinnen des Bacchus), die ein orgiastisches Ritual vollzogen, bei dem sie ein gefährliches Gebräu aus Efeu, Fliegenpilz und Kiefernsaft tranken. Davon bekamen sie Visionen, und danach rannten sie wie wild durch die Gegend auf der Suche nach etwas Lebendigem, das sie sodann zerrissen und verspeisten. Der Dichter Orpheus starb durch solch eine Horde wild gewordener Priesterinnen, doch auf wundersame Weise blieb sein Kopf am Leben und sang weiter seine Lieder, während er den Fluss Hebrus hinunter schwamm.

## Der Efeu und der Mond

Die weißen Blätter des Efeus galten als den Mondgöttinnen geweiht, darunter Ariadne und Artemis (Griechenland), Pasiphae (Kreta) und Arianrhod (keltisch). Der irische Held Fionn wurde als Kind in einem mit Efeu behangenem Baum vor seinen Feinden versteckt, die ihn töten wollten - daraus entwickelte sich auch Fionns besondere Vorliebe für diese Pflanze.

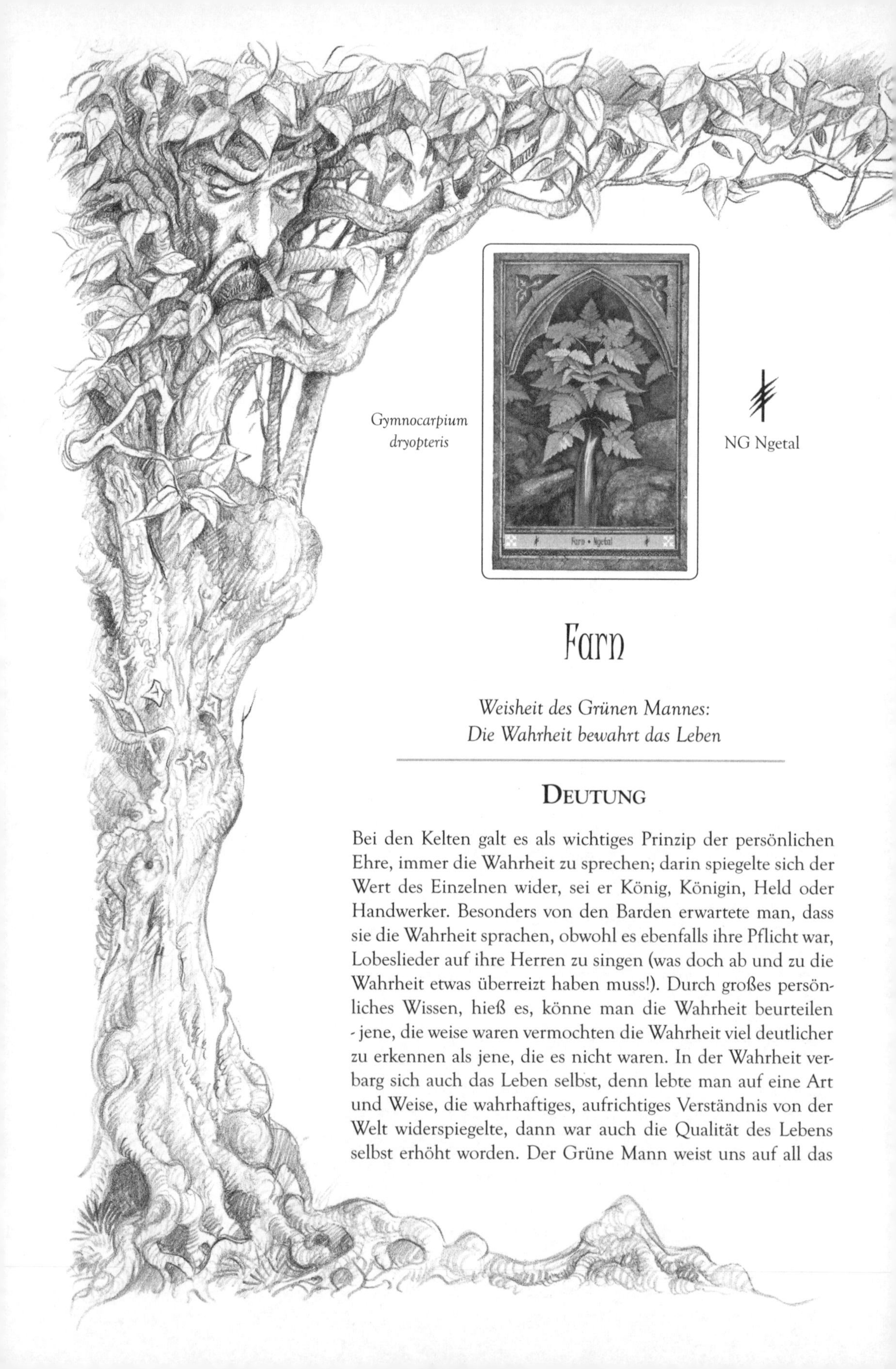


Gymnocarpium
*dryopteris*

NG Ngetal

# Farn

*Weisheit des Grünen Mannes:*
*Die Wahrheit bewahrt das Leben*

## Deutung

Bei den Kelten galt es als wichtiges Prinzip der persönlichen Ehre, immer die Wahrheit zu sprechen; darin spiegelte sich der Wert des Einzelnen wider, sei er König, Königin, Held oder Handwerker. Besonders von den Barden erwartete man, dass sie die Wahrheit sprachen, obwohl es ebenfalls ihre Pflicht war, Lobeslieder auf ihre Herren zu singen (was doch ab und zu die Wahrheit etwas überreizt haben muss!). Durch großes persönliches Wissen, hieß es, könne man die Wahrheit beurteilen - jene, die weise waren vermochten die Wahrheit viel deutlicher zu erkennen als jene, die es nicht waren. In der Wahrheit verbarg sich auch das Leben selbst, denn lebte man auf eine Art und Weise, die wahrhaftiges, aufrichtiges Verständnis von der Welt widerspiegelte, dann war auch die Qualität des Lebens selbst erhöht worden. Der Grüne Mann weist uns auf all das

hin und ermutigt uns, der Wahrheit ins Gesicht zu blicken und sie zu bewahren und zugleich zu entdecken, dass wir selbst in ihr bewahrt sind. Wenn wir aufhören, eine Lüge zu glauben oder eine Lüge zu leben, dann wird die Seele wieder frei und unsere Lebensqualität wird sich erhöhen.

## Überlieferungen zum Farn

Wie noch einige andere in diesem Buch, so ist auch der Farn nicht wirklich ein Baum. Aber sein magischer Wert ist gut belegt, und wir sollten bedenken, dass die moderne Kategorisierung der Bäume nicht immer so war, wie heute. Der Farn gilt vor allen Dingen als Bewahrer, er bietet denen Schutz, die dessen bedürfen, doch er hat auch noch andere Vorzüge. Der Glaube an seine magischen Kräfte entstand aus der Tatsache heraus, dass der Farn nur in einer einzigen Nacht, nämlich zur Sommersonnwende, blühte und seine Samen hervorbrachte, und daraus, dass er seine Samen (die mit dem bloßen Auge kaum zu erkennen sind) auf der Rückseite des Blattes trägt, wie uns ein Herbarium aus dem 17. Jahrhundert berichtet. In einem Versuch, dieses Phänomen zu erklären, wurden dem Farn noch weitere wundersame Kräfte unterstellt - zum Beispiel sollte jeder, dem es gelang, die Samen zu sammeln, unsichtbar werden können, und die wenigen Mutigen machten sich nun auf, um Mitternacht nach diesen Samen zu suchen, obwohl es hieß, böse Geister würden alle die gefangen nehmen, die nach dem blühenden Farn Ausschau hielten. Auf dieses seltsame Stückchen Überlieferung nimmt Shakespeare Bezug in seinem *König Heinrich IV*, Teil I, worin er Gadshill sprechen lässt: „Wir haben das Recept vom Farnsamen, wir gehen unsichtbar umher".

## Die Schatzpflanze

Die volkstümlichen Namen für den Farn reichen von „Schatzfaust" bis hin zu „Todespflanze" und „Todesblume" und spiegeln eine große Reichweite an Bedeutungen von „gut" bis „geradezu unheimlich" wider. Weit im Norden, wenn die Nacht so hell wurde wie der Tag, dann leuchtete die Blüte des Farns wie Glut durch die Nacht, und diese gespenstische Erscheinung, so heißt es, würde vom Donner angekündigt. Das führte zu der Meinung, dass dort, wo der Farn wuchs, Schätze vergraben lägen. Die Finnen glaubten, dass am ehesten die Waisenkinder in den Besitz der Farnsamen gelangen konnten - vielleicht deshalb, weil sie Wechselbälger waren. Es heißt, dass die Farnsamen von Trollen bewacht wurden, die sie jedem wieder abzunehmen versuchen

würden, der sie eingesammelt hatte in seinem Begehren nach Reichtum und magischen Kräften.

## Geheime Samen

In einem irischen Märchen hören wir von einem Mann, der loszog um die Farnsamen zu sammeln und später berichtete, dass ihm die Geister ins Ohr geflüstert, manchmal sogar seinen Hut oder andere Körperteile gestreift hätten. Der Mann aber blieb tapfer und kehrte zurück nach Hause, als er der Meinung war, er habe genug Samen gesammelt und sie sicher in einem Kästchen verwahrt ... dort aber fand er sein Kästchen leer vor. In Britannien erzählt man sich, dass die Samen allein auf einem Zinnteller gesammelt werden könnten. Manche behaupteten sogar, man müsse elf gestapelte Teller verwenden, denn die Samen könnten durch sie hindurch fallen und würden schließlich erst auf dem letzten der Teller liegen bleiben.

*Prunus spinosa*

ST Straif

# Schlehdorn

*Weisheit des Grünen Mannes: Die Magie ist überall*

## Deutung

Die Magie ist überall um uns herum - nicht die Magie der Märchen, sondern die wahre Magie, die unser Universum an Unendlichkeit anschließt. Nach Jahrhunderte andauernden Drohungen, dass dies verboten sei, allenfalls etwas für Experten, haben wir nach und nach die Magie vergessen, die in jedem von uns schläft. Um Zugang zu dieser persönlichen Magie zu erlangen, müssen wir uns von unserem übergeschäftigen, oberflächlichem Bewusstsein verabschieden und tief eintauchen in den stets fließenden Strom unserer magischen Träume. Die Gedanken, Szenen und Wesenheiten, die sich in den tiefsten Ebenen unseres Verstehens tummeln, erfordern sehr genaues Hinhören: wir müssen in Kontakt treten mit dem, was da ist und sich gegenseitig beeinflusst, so weit das irgend möglich ist. Diese Karte fordert uns auf, zu erkennen, dass die Magie einfach überall ist (viel, viel näher als wir meinen) und dass sie selbst die dunkelsten Orte zu erleuchten vermag. Was den Schlehdorn für uns so wertvoll macht, ist seine Fähigkeit, erwachende Träume gut zu pflegen.

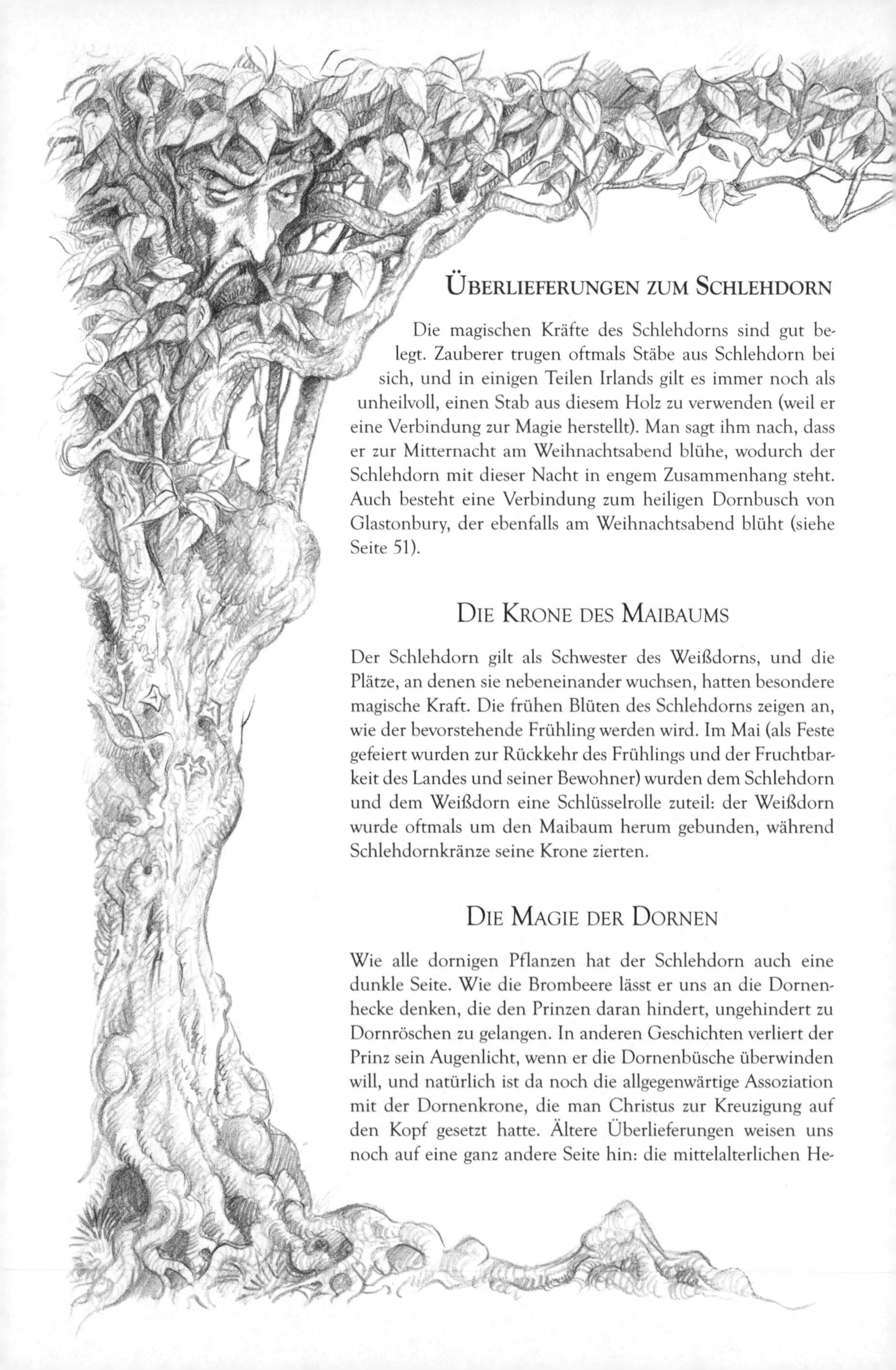

## Überlieferungen zum Schlehdorn

Die magischen Kräfte des Schlehdorns sind gut belegt. Zauberer trugen oftmals Stäbe aus Schlehdorn bei sich, und in einigen Teilen Irlands gilt es immer noch als unheilvoll, einen Stab aus diesem Holz zu verwenden (weil er eine Verbindung zur Magie herstellt). Man sagt ihm nach, dass er zur Mitternacht am Weihnachtsabend blühe, wodurch der Schlehdorn mit dieser Nacht in engem Zusammenhang steht. Auch besteht eine Verbindung zum heiligen Dornbusch von Glastonbury, der ebenfalls am Weihnachtsabend blüht (siehe Seite 51).

## Die Krone des Maibaums

Der Schlehdorn gilt als Schwester des Weißdorns, und die Plätze, an denen sie nebeneinander wuchsen, hatten besondere magische Kraft. Die frühen Blüten des Schlehdorns zeigen an, wie der bevorstehende Frühling werden wird. Im Mai (als Feste gefeiert wurden zur Rückkehr des Frühlings und der Fruchtbarkeit des Landes und seiner Bewohner) wurden dem Schlehdorn und dem Weißdorn eine Schlüsselrolle zuteil: der Weißdorn wurde oftmals um den Maibaum herum gebunden, während Schlehdornkränze seine Krone zierten.

## Die Magie der Dornen

Wie alle dornigen Pflanzen hat der Schlehdorn auch eine dunkle Seite. Wie die Brombeere lässt er uns an die Dornenhecke denken, die den Prinzen daran hindert, ungehindert zu Dornröschen zu gelangen. In anderen Geschichten verliert der Prinz sein Augenlicht, wenn er die Dornenbüsche überwinden will, und natürlich ist da noch die allgegenwärtige Assoziation mit der Dornenkrone, die man Christus zur Kreuzigung auf den Kopf gesetzt hatte. Ältere Überlieferungen weisen uns noch auf eine ganz andere Seite hin: die mittelalterlichen He-

xen sollen das Zeichen des Teufels getragen haben, der seine Anhänger mit einem Schlehendorn in den Finger zu stechen pflegte - aber dieser Gedanke kann auch den Überlieferungen des Ogam entstammen, die sich mit Fingern beschäftigen. Man konnte mit jedem Fingergelenk einen anderen Buchstaben darstellen, und so konnte man mit den Fingern sehr kraftvolle Zauber wirken. Fingermagie gilt auch heute noch als sehr mächtige Waffe, wenn sie von einem Zauberer oder einer Weisen Frau ausgeübt wird.

*Sambucus nigra*

R Ruis

# Holunder

*Weisheit des Grünen Mannes: Opfer birgt Erneuerung*

## Deutung

Wenn wir etwas opfern, dann müssen wir etwas weggeben, das wir in besonderem Maße als heilig erachten. Wir geben etwas Wertvolles, ehren die, die uns heilig sind und bekennen uns zu einer Wirklichkeit der unsichtbaren Seite des Lebens, die nur allzu oft nicht beachtet oder vernachlässigt wird. Wir geben nicht aus Angst oder um jemanden zu besänftigen, sondern um das Göttliche in unser tägliches Leben zu integrieren, denn wir glauben daran, dass auf diese Weise das Göttliche sich uns offenbaren kann. Ein Opfer ist eine großzügige und selbstlose Gabe an das gesamte Universum, ohne die Erwartung, etwas zurück zu bekommen. Man kann nichts erreichen, wenn man nicht etwas zu geben bereit ist - diesen Aspekt des Orakels sollten wir in guter Erinnerung behalten. Die Weisheit des Grünen Mannes sagt uns hier, dass, wenn wir etwas opfern, uns das Universum weitaus mehr zurückgeben wird; was auch immer

wir geben, wird auf vielen Wegen zu uns zurückfinden. Wenn du über eine Veränderung in deinem Leben nachdenkst, dann denk auch daran, dass ein Opfer zu bringen dir den Segen über unzählige deiner Handlungen einbringen kann.

## Überlieferungen zum Holunder

In Britannien wird der Holunder sehr stark mit Zauberei und Verwandlung in Zusammenhang gebracht. Die Hexen liebten es, sich in Holunderbüsche zu verwandeln. Anscheinend war dies eine Verwandlung, die ihnen noch mehr Kraft verleihen konnte. In einer Geschichte heißt es, dass eine Holunderhexe einstmals einen dänischen König sowie sein gesamtes Gefolge zu Stein verwandelt hat, weil diese es gewagt hatten, sie herauszufordern. Man kann sie noch heute betrachten, es sind die sogenannten Rollright Stones in Oxfordshire, und es sind einige faszinierende Bräuche aus ihrer Gegenwart heraus entstanden. So soll es zum Beispiel Glück bringen, wenn man am Mitsommerabend im Schatten des „Königssteines" ein Fest feiert, und manchmal wird auch der Holunderbusch, der an dieser Stelle wächst, angeschnitten, um die Hexe „auszubluten". Der Königsstein „nickt", um seine Zustimmung zu signalisieren. Andere dagegen erhoffen sich den Segen des Baumes, indem sie um ihn herum tanzen, und man sagt sich, dass dann der König seinen Kopf umwandte, um dabei zuzusehen. Die magischen Begabungen des Holunders haben alle möglichen Arten von Brauchtum aus der Wiege gehoben. Einige behaupten, wenn man unter einem Holunderbaum einschlafe, würde man in der Anderswelt erwachen. Auch heißt es, wenn man am Mittsommerabend unter diesem Baum steht, könne man das Feengefolge vorbeiziehen sehen. Möglicherweise bestanden auch die hölzernen Lose, welche die Kelten zu Zwecken der Weissagung verwendeten, aus Holunderholz (siehe Kapitel 1).

## Schutz und Opfer

In einigen Überlieferungen heißt es, der Holunder sei ein starker Schutz gegen schwarze Magie - sammelt man die Holunderzweige am Abend des Johannistages (der Abend vor Mittsommer), dann schützen sie zuverlässig gegen jegliches Unglück während der Festlichkeiten der 12 Nächte. Doch dieser Schutz wird nicht ohne weiteres gewährt: wer von den Kräften des Holunders zehren will, der muss auch etwas dafür geben.

## Der glücklose Holunder

Die Geschichte des Holunders in der christlichen Überlieferung ist eine sehr dunkle. Er war es, der sein Holz für das Kreuz gab, und es soll auch ein Holunder gewesen sein, an dem Judas Ischiarot sich erhängt hat aus Reue für seinen Verrat an Jesus. Diese dunkle Mystik um den Holunder führte zu dem Gedanken, dass die Menschen, die in von Holundern beschatteten Häusern leben, jung sterben sollen. Auch vermied man es, aus Holunderholz Möbel herzustellen, doch (seltsamerweise) wurden Holunderzweige manchmal in Fenster oder Türen gehangen, um böse Geister fern zu halten - ein weiterer Beweis für die Mehrdeutigkeiten in der Geschichte dieser Pflanze.

## Die Holunderfrau

Schon seit hunderten von Jahren wurde - besonders in Deutschland, Schweden und Dänemark - der Holunderfrau große Ehre zuteil, bis ins 19. Jahrhundert hinein ersuchte man sie um ihre Hilfe, dem Unwillen der Kirchenführer zum Trotz. 1703 schreib ein deutscher Priester, dass in seiner Jugend niemand es wagte, einen Holunder zu verletzen; war es dennoch nötig, ihn zu beschneiden, dann wurde währenddessen stets das folgende Gebet gesprochen: „Holunderfrau, gib mir von deinem Holz, und ich will dir von meinem geben, sobald es im Walde wächst." In ganz Europa gibt es ähnliche Bräuche wie diesen, und immer steckt in ihnen der Klang des Opfers, der der Orakeldeutung des Holunders innewohnt.

*Pinus sylvestris*

A Ailm

# Kiefer

*Weisheit des Grünen Mannes: Verschaffe dir Überblick*

## Deutung

Nimm dein Problem mit klarem Verstand unter die Lupe. Das ist eines der weisesten Dinge, die du tun kannst, denn viel zu oft scheitern wir daran, dass wir eine Situation nicht genügend überdacht haben. Die alten, traditionellen Schamanen vieler Kulturen wussten das ganz genau: sie erklommen buchstäblich die Spitze ihres mittleren Zeltpfahls oder einen Baum und konnten von dort aus ganz unbefangen in das Innere des Geistes blicken und dann mit ihrem so gewonnenen Wissen zu ihrem Stamm oder ihrer Familie zurückkehren. Wie die Schamanen sollten auch wir herausfinden, wie wir eine Situation möglichst klar betrachten können, um Pro und Kontra gegeneinander abzuwägen und uns für den günstigsten Weg zu entscheiden. Dafür gibt es kein besseres Bild als die einsam stehende Kiefer, die ihr Haupt dem Himmel entgegen reckt, denn sie erinnert uns daran, dass wir die Dinge zuerst scharfsinnig betrachten und anschließend unseren Weg - wohin auch immer er führen mag - ebnen müssen.

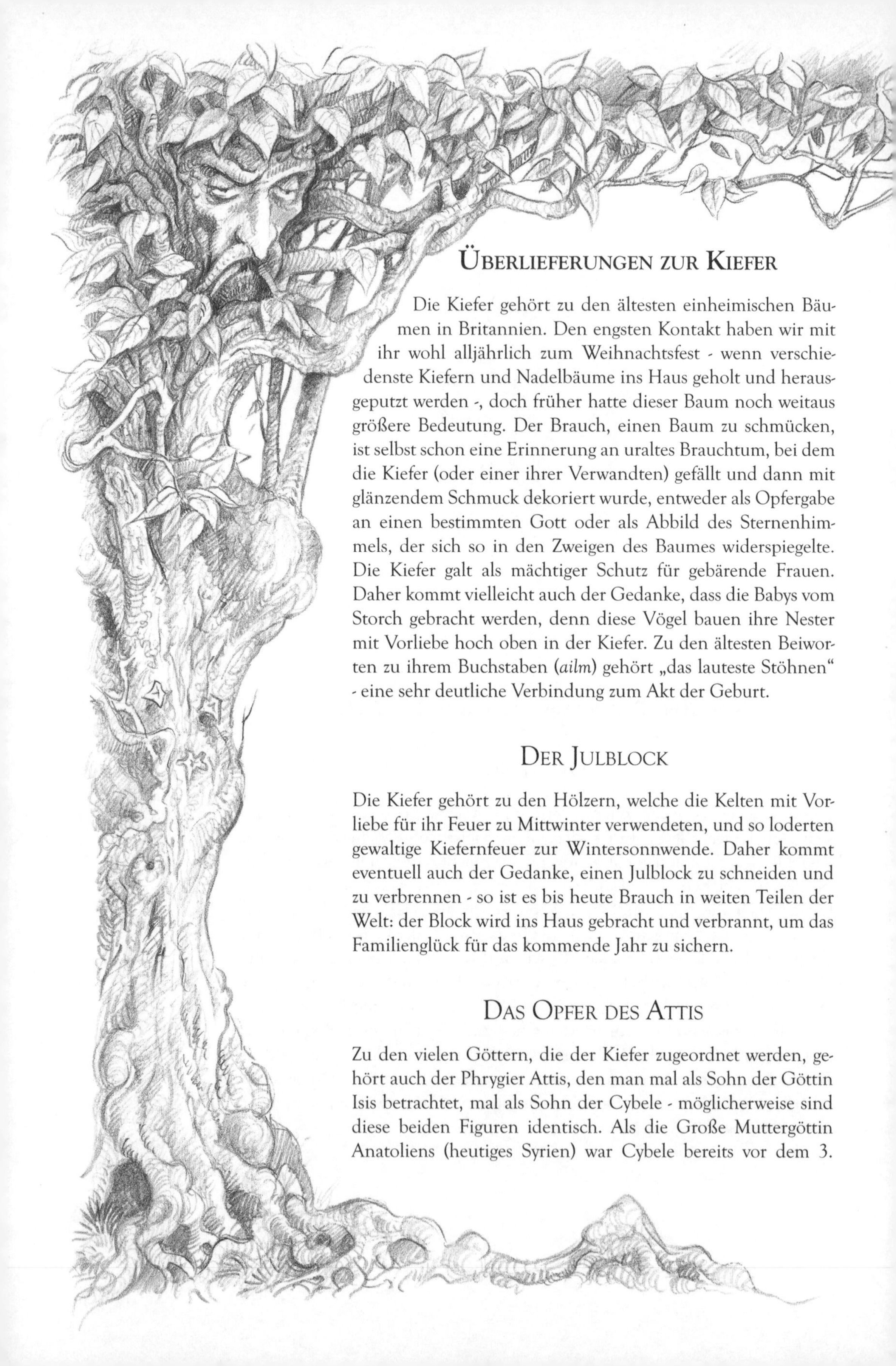

## Überlieferungen zur Kiefer

Die Kiefer gehört zu den ältesten einheimischen Bäumen in Britannien. Den engsten Kontakt haben wir mit ihr wohl alljährlich zum Weihnachtsfest - wenn verschiedenste Kiefern und Nadelbäume ins Haus geholt und herausgeputzt werden -, doch früher hatte dieser Baum noch weitaus größere Bedeutung. Der Brauch, einen Baum zu schmücken, ist selbst schon eine Erinnerung an uraltes Brauchtum, bei dem die Kiefer (oder einer ihrer Verwandten) gefällt und dann mit glänzendem Schmuck dekoriert wurde, entweder als Opfergabe an einen bestimmten Gott oder als Abbild des Sternenhimmels, der sich so in den Zweigen des Baumes widerspiegelte. Die Kiefer galt als mächtiger Schutz für gebärende Frauen. Daher kommt vielleicht auch der Gedanke, dass die Babys vom Storch gebracht werden, denn diese Vögel bauen ihre Nester mit Vorliebe hoch oben in der Kiefer. Zu den ältesten Beiworten zu ihrem Buchstaben (*ailm*) gehört „das lauteste Stöhnen" - eine sehr deutliche Verbindung zum Akt der Geburt.

## Der Julblock

Die Kiefer gehört zu den Hölzern, welche die Kelten mit Vorliebe für ihr Feuer zu Mittwinter verwendeten, und so loderten gewaltige Kiefernfeuer zur Wintersonnwende. Daher kommt eventuell auch der Gedanke, einen Julblock zu schneiden und zu verbrennen - so ist es bis heute Brauch in weiten Teilen der Welt: der Block wird ins Haus gebracht und verbrannt, um das Familienglück für das kommende Jahr zu sichern.

## Das Opfer des Attis

Zu den vielen Göttern, die der Kiefer zugeordnet werden, gehört auch der Phrygier Attis, den man mal als Sohn der Göttin Isis betrachtet, mal als Sohn der Cybele - möglicherweise sind diese beiden Figuren identisch. Als die Große Muttergöttin Anatoliens (heutiges Syrien) war Cybele bereits vor dem 3.

Jahrhundert v. Chr. in der klassischen Welt ein Begriff, von wo aus sie dann Einzug hielt in das römische Pantheon. Während des ganzen bäuerlichen Jahres wurde die Geschichte um ihren Sohn Attis rituell gefeiert, und diese Feiern endeten erst mit der Frühlings-Tag-und-Nacht-Gleiche am 21. März. Im Wesentlichen geht es in dieser Geschichte um die leidenschaftliche und verbotene Liebe der Cybele zu ihrem Sohn, von dem es heißt, dass er vom Begehren seiner Mutter in den Wahnsinn getrieben worden sei. Schließlich kastrierte sich Attis selbst unter einer Kiefer, die daraufhin zu einem Symbol für sein Opfer wurde. In einer anderen Version der Geschichte ist Attis ein Schafhirte, den Cybele als Strafe in eine Kiefer verwandelte, weil er seinen Eid gebrochen hatte, ihr ewig treu ergeben zu sein. Er bereute seinen Treuebruch, und Cybeles Sohn Zeus sorgte schließlich dafür, dass die Kiefer im Gedenken an Attis immer grün bleiben würde.

## Immergrün

Wie andere immergrüne Gewächse galt auch die Kiefer als Symbol für Wiederauferstehung und ewiges Leben, wofür sie weithin sehr verehrt wurde. Die Griechen assoziierten sie mit Dionysos und dem göttlichen Rausch. Eine Geschichte erzählt davon, wie der Gott einem Menschen namens Ikarus das Geheimnis des Weinkelterns preisgab. Das erste Gebräu, das Ikarus vollbrachte, wurde einigen Schafhirten zum Probieren gegeben, diese aber wurden davon so betrunken, dass sie meinten, Ikarus habe sie verhext, und so brachten sie ihn um und begruben seinen Körper unter einer Kiefer. Daraufhin führte Ikarus´ Hund dessen Tochter zu seinem Grab, und als diese die Leiche ihres Vaters fand, erhängte sie sich im Baum. Mit ihrem letzten Atemzug beschwor sie alle jungen Frauen Griechenlands, es ihr gleich zu tun, bis die Götter ihrem Flehen nachgeben und die Übeltäter bestrafen würden. Viele Mädchen haben sich darauf selbst erhängt, bis endlich Ikarus´ Mörder gefangen und getötet wurden.

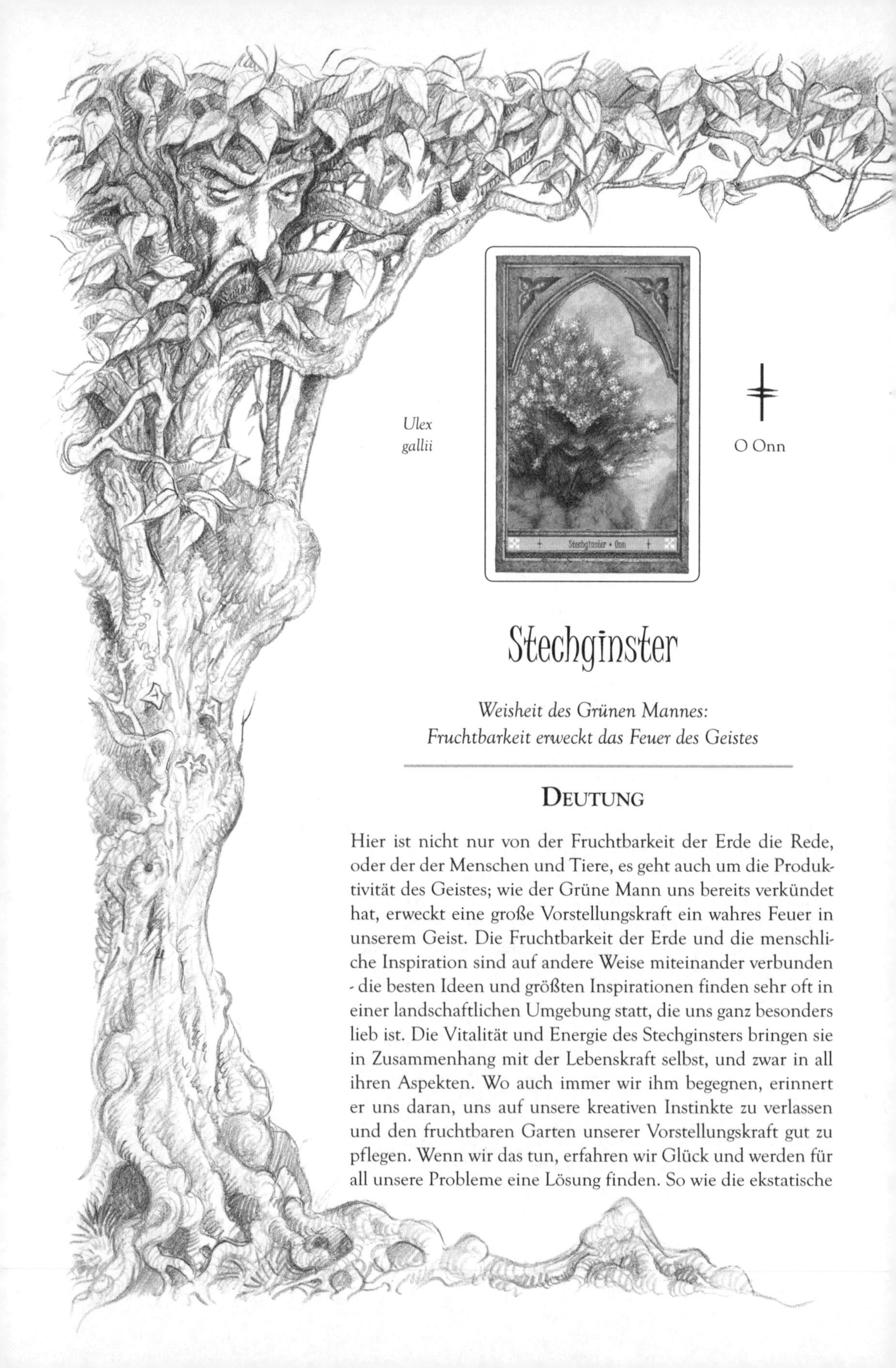


*Ulex gallii*

O Onn

# Stechginster

*Weisheit des Grünen Mannes:*
*Fruchtbarkeit erweckt das Feuer des Geistes*

## Deutung

Hier ist nicht nur von der Fruchtbarkeit der Erde die Rede, oder der der Menschen und Tiere, es geht auch um die Produktivität des Geistes; wie der Grüne Mann uns bereits verkündet hat, erweckt eine große Vorstellungskraft ein wahres Feuer in unserem Geist. Die Fruchtbarkeit der Erde und die menschliche Inspiration sind auf andere Weise miteinander verbunden - die besten Ideen und größten Inspirationen finden sehr oft in einer landschaftlichen Umgebung statt, die uns ganz besonders lieb ist. Die Vitalität und Energie des Stechginsters bringen sie in Zusammenhang mit der Lebenskraft selbst, und zwar in all ihren Aspekten. Wo auch immer wir ihm begegnen, erinnert er uns daran, uns auf unsere kreativen Instinkte zu verlassen und den fruchtbaren Garten unserer Vorstellungskraft gut zu pflegen. Wenn wir das tun, erfahren wir Glück und werden für all unsere Probleme eine Lösung finden. So wie die ekstatische

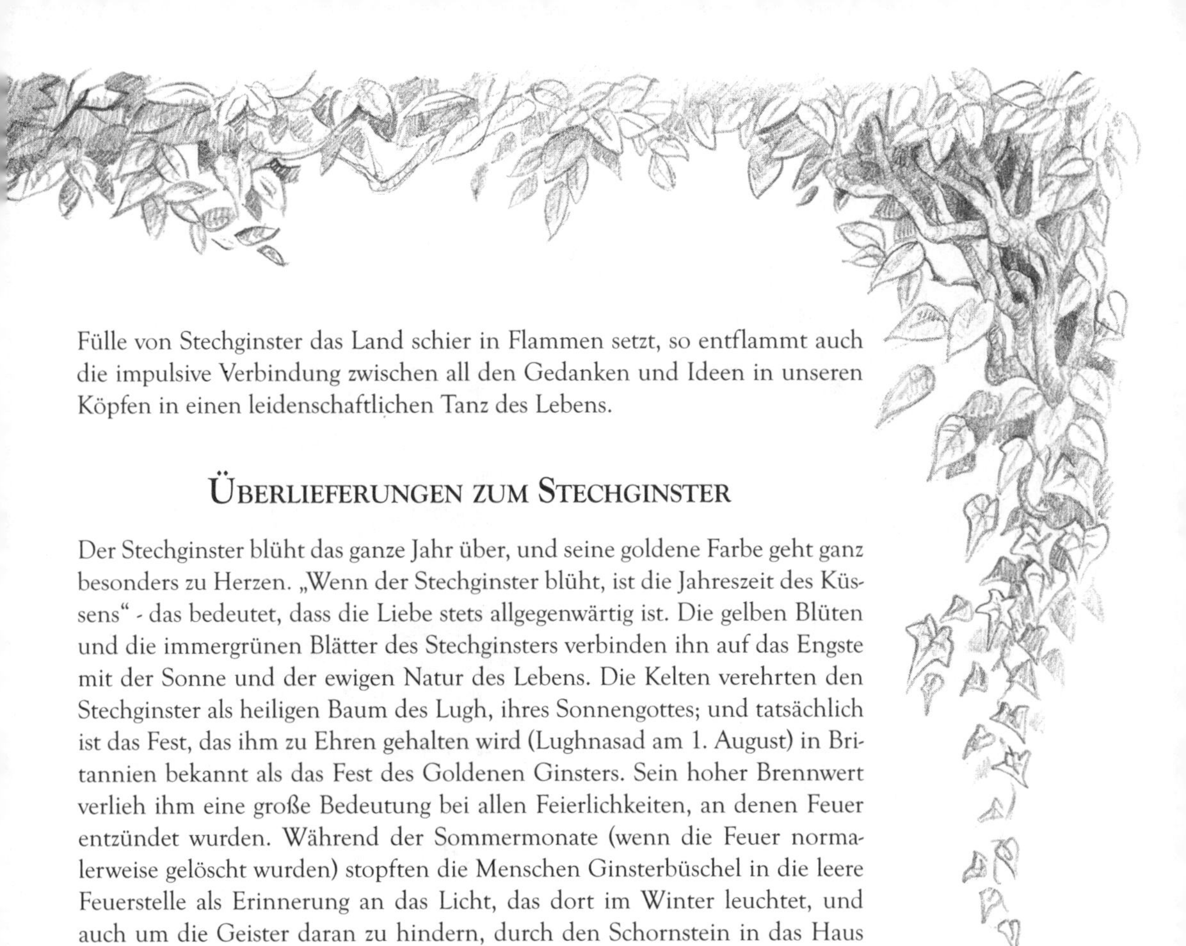

Fülle von Stechginster das Land schier in Flammen setzt, so entflammt auch die impulsive Verbindung zwischen all den Gedanken und Ideen in unseren Köpfen in einen leidenschaftlichen Tanz des Lebens.

## Überlieferungen zum Stechginster

Der Stechginster blüht das ganze Jahr über, und seine goldene Farbe geht ganz besonders zu Herzen. „Wenn der Stechginster blüht, ist die Jahreszeit des Küssens" - das bedeutet, dass die Liebe stets allgegenwärtig ist. Die gelben Blüten und die immergrünen Blätter des Stechginsters verbinden ihn auf das Engste mit der Sonne und der ewigen Natur des Lebens. Die Kelten verehrten den Stechginster als heiligen Baum des Lugh, ihres Sonnengottes; und tatsächlich ist das Fest, das ihm zu Ehren gehalten wird (Lughnasad am 1. August) in Britannien bekannt als das Fest des Goldenen Ginsters. Sein hoher Brennwert verlieh ihm eine große Bedeutung bei allen Feierlichkeiten, an denen Feuer entzündet wurden. Während der Sommermonate (wenn die Feuer normalerweise gelöscht wurden) stopften die Menschen Ginsterbüschel in die leere Feuerstelle als Erinnerung an das Licht, das dort im Winter leuchtet, und auch um die Geister daran zu hindern, durch den Schornstein in das Haus zu gelangen.

## Der Vielbegabte Gott

Lugh war nicht nur der Gott des Lichtes, er war auch der Gott der Inspiration und der Geschicklichkeit, und der gewaltige Speer aus Licht, den er bei sich trug, vermochte einen Menschen wahrhaftig in einen Zustand inspirierter Ekstase zu versetzen. Einer seiner Beinamen lautet Samildánach, „der Vielbegabte", nach einer Geschichte, in der er gleichzeitig unter anderem als Harfner, Held, Historiker, Magier, Astrologe und Koch in Erscheinung trat. Lugh war also fähig, die Menschen in so ziemlich jedem Betätigungsfeld zu inspirieren.

## Der Feenbaum

Der Stechginster steht in sehr enger Verbindung zum Feenvolk, das sich, wie man sagte, am magischen Maiabend in diesem Busch versteckte; deshalb ist er in weiten Teilen Europas als Feenbaum bekannt geworden. Im 19. Jahrhundert fand man eine alte Frau auf Anglesey in ihrem Bett bedeckt von einem Berg geschnittenen Stechginsters. Sie sagte, er würde sie von der ständigen Feenplage befreien - der Stechginster bietet also eindeutig Schutz und zog die Bewohner der Anderswelt an.

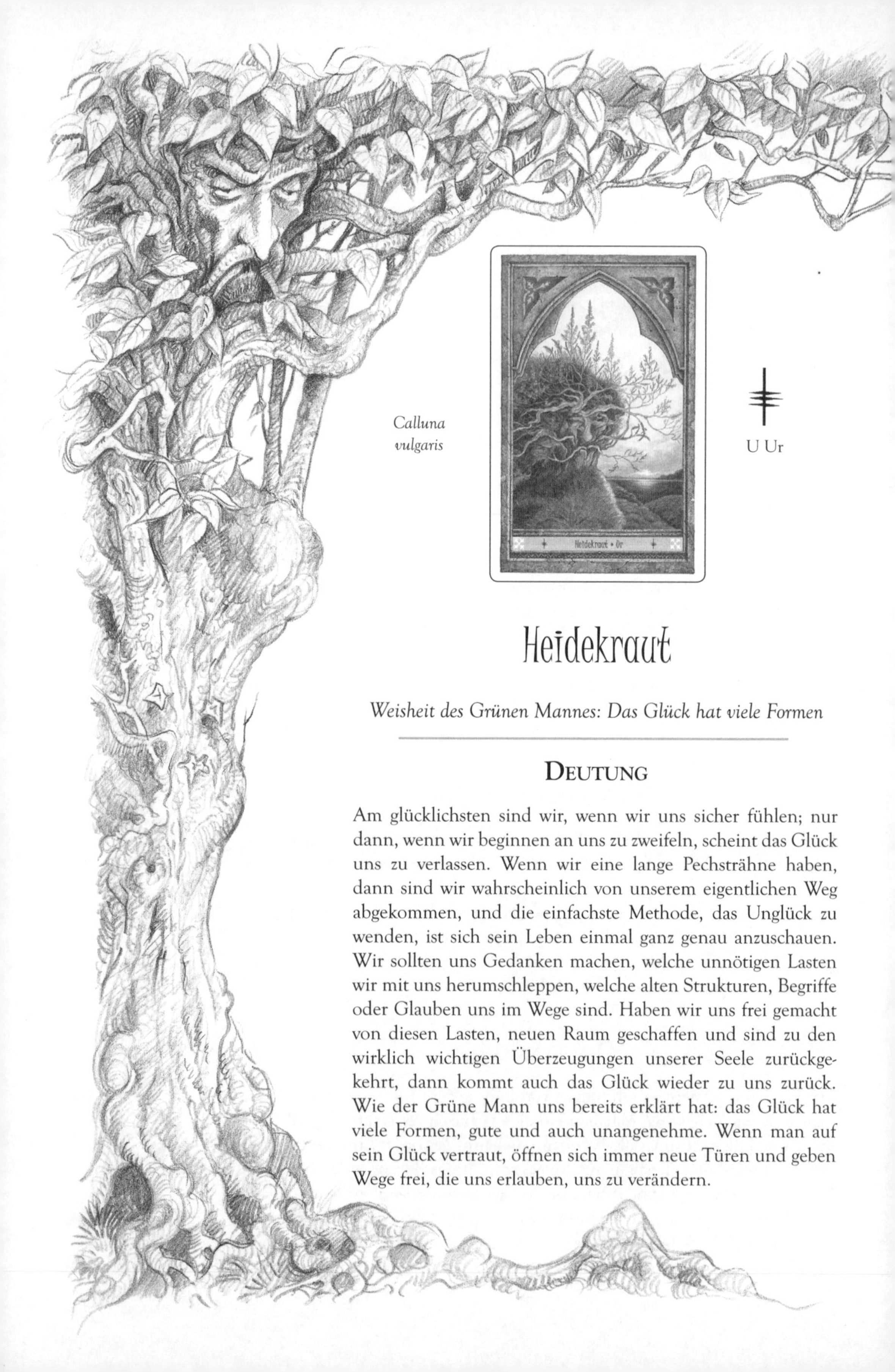


*Calluna vulgaris*

U Ur

# Heidekraut

*Weisheit des Grünen Mannes: Das Glück hat viele Formen*

## Deutung

Am glücklichsten sind wir, wenn wir uns sicher fühlen; nur dann, wenn wir beginnen an uns zu zweifeln, scheint das Glück uns zu verlassen. Wenn wir eine lange Pechsträhne haben, dann sind wir wahrscheinlich von unserem eigentlichen Weg abgekommen, und die einfachste Methode, das Unglück zu wenden, ist sich sein Leben einmal ganz genau anzuschauen. Wir sollten uns Gedanken machen, welche unnötigen Lasten wir mit uns herumschleppen, welche alten Strukturen, Begriffe oder Glauben uns im Wege sind. Haben wir uns frei gemacht von diesen Lasten, neuen Raum geschaffen und sind zu den wirklich wichtigen Überzeugungen unserer Seele zurückgekehrt, dann kommt auch das Glück wieder zu uns zurück. Wie der Grüne Mann uns bereits erklärt hat: das Glück hat viele Formen, gute und auch unangenehme. Wenn man auf sein Glück vertraut, öffnen sich immer neue Türen und geben Wege frei, die uns erlauben, uns zu verändern.

## Überlieferungen zum Heidekraut

Das Heidekraut, insbesondere das weiße Heidekraut, stehen für Glück, Stärke und Sehnsucht; pflanzt man sie in einem Kreis um fruchttragende Bäume herum (wie es noch heute in Schottland der Brauch ist), dann werden diese Bäume viel mehr Früchte abwerfen. Rosa oder rotes Heidekraut, so sagt man, ist durchtränkt vom Blut der piktischen Krieger, welche in Schottland und an seinen Grenzen kämpfen und sterben mussten. Es heißt, dass das Heidekraut auf dem Schlachtfeld von Culodden Moor nicht wächst, weil dort so viele tapfere Krieger 1746 für die schottische Freiheit ihr Leben lassen mussten. In der großen keltischen Dichtung *Cad Goddeu* (Die Schlacht der Bäume), ist das Heidekraut in der Schlacht für alle ein Beistand, die dessen bedürfen.

## Leidenschaftlich rot

Manche assoziieren den tiefroten Farbton des Heidekrauts mit Leidenschaft und Verlangen, und das Bier, das aus dieser Pflanze gebraut wird, wird sowohl von den Kelten als auch von den Pikten in höchsten Tönen gepriesen. Man erzählt sich, dass die letzten lebenden Menschen, die das Rezept für Bier aus Heidekraut kannten, ein Vater und sein Sohn gewesen sein sollen. Als man sie gefangen nahm und bedrohte, verweigerte der Vater das Geheimnis preiszugeben, stattdessen bat er seine Peiniger, lieber seinen Sohn von den Klippen zu werfen, als ihn zu foltern. Als der Junge tot war, warf sich der Mann ebenfalls von den Klippen und riss das Geheimnis des Bieres mit sich ihn den Tod. In Schottland wird heute noch der Kopfputz einer Braut mit weißem Heidekraut geschmückt, denn der Pflanze wird nachgesagt, sie ebne den Weg für eine glückliche und fruchtbare Heirat. Noch heute verkaufen wandernde Hausierer auf den Straßen Britanniens und Irlands Heidekaut-Glückszauber.

## Heldenglück

Der keltische Name für das Heidekraut lautet *fraoch*, was „Tapferkeit“ und „Entschlossenheit im Kampf“ bedeutet, und es ist auch der Name eines irischen Helden. Die Geschichte von Fraoch berichtet davon, wie er sich in die Tochter der mächtigen halbgöttlichen Herrscher über Connaught (Ailill und Medhbha) verliebte, und wie er sich, um ihre Hand zu gewinnen, einem Kampf mit einem Ungeheuer stellen musste, das eine heilige Eberesche bewachte. Fraoch schaffte es, wenn auch furchtbar verwundet, das Ungeheuer mit einem Schwert zu besiegen, das seine Liebste ihm gegeben hatte. Nach-

dem er diese Prüfung bestanden hatte, brachte man ihn in die Anderswelt, wo er gesund gepflegt wurde, danach durfte er seine Angebetete heiraten. Fraoch hat seinen Namen vielleicht vom Heidekraut, welches ja Glück bringt.

## Neues Leben

Es gibt noch eine ganze Menge weiterer Bedeutungen für diesen Buchstaben, von denen einige auch widersprüchlich erscheinen. Manche stehen in Verbindung mit Tod und Begräbnis, doch die stärkste Assoziation ist jene zur Erneuerung. Das ist nicht wirklich überraschend, glaubten doch die Kelten ganz unerschütterlich an ein Leben nach dem Tod - nach dem Tod folgte ein neues Leben, und in jedem Leben begann der Zyklus von Neuem.

*Populus alba*

E Edadh

# Pappel

*Weisheit des Grünen Mannes: Bewegung ist der Puls des Lebens*

## Deutung

Alles Lebendige ist von Bewegung erfüllt. So wie die Blätter der Zitterpappel niemals zur Ruhe kommen, sondern ewig zittern und rauschen und damit den ganzen Baum zum Leben erwecken, so sind auch wir vom steten Fluss der Lebensenergie des Universums durchströmt, und unsere Lebensweise wird von ihr beeinflusst. Mal nehmen wir diese Energie freudig an, da sie uns hilft, entschlossen unseren Weg zu gehen; dann wieder, wenn unser Vertrauen erschüttert ist, kann die Lebenskraft so überwältigend erscheinen, dass wir schier vor ihr erzittern. Wenn wir aber unseren natürlichen Rhythmus wieder finden, dann stimmen wir ein in den Tanz des Lebens voller Kraft und Energie. Menschen, die von Lebendigkeit erfüllt sind, ziehen die Aufmerksamkeit der anderen auf sich, wenn sie sprechen, denn jede ihrer Bewegungen ist von der Lebensenergie selbst durchströmt. Die Bedeutung von Edadh konzentriert sich auf den Übergang von Stillstand zu Bewegung. Die Karte will uns ermutigen, voran zu schreiten mit Zuversicht und Entschlossenheit.

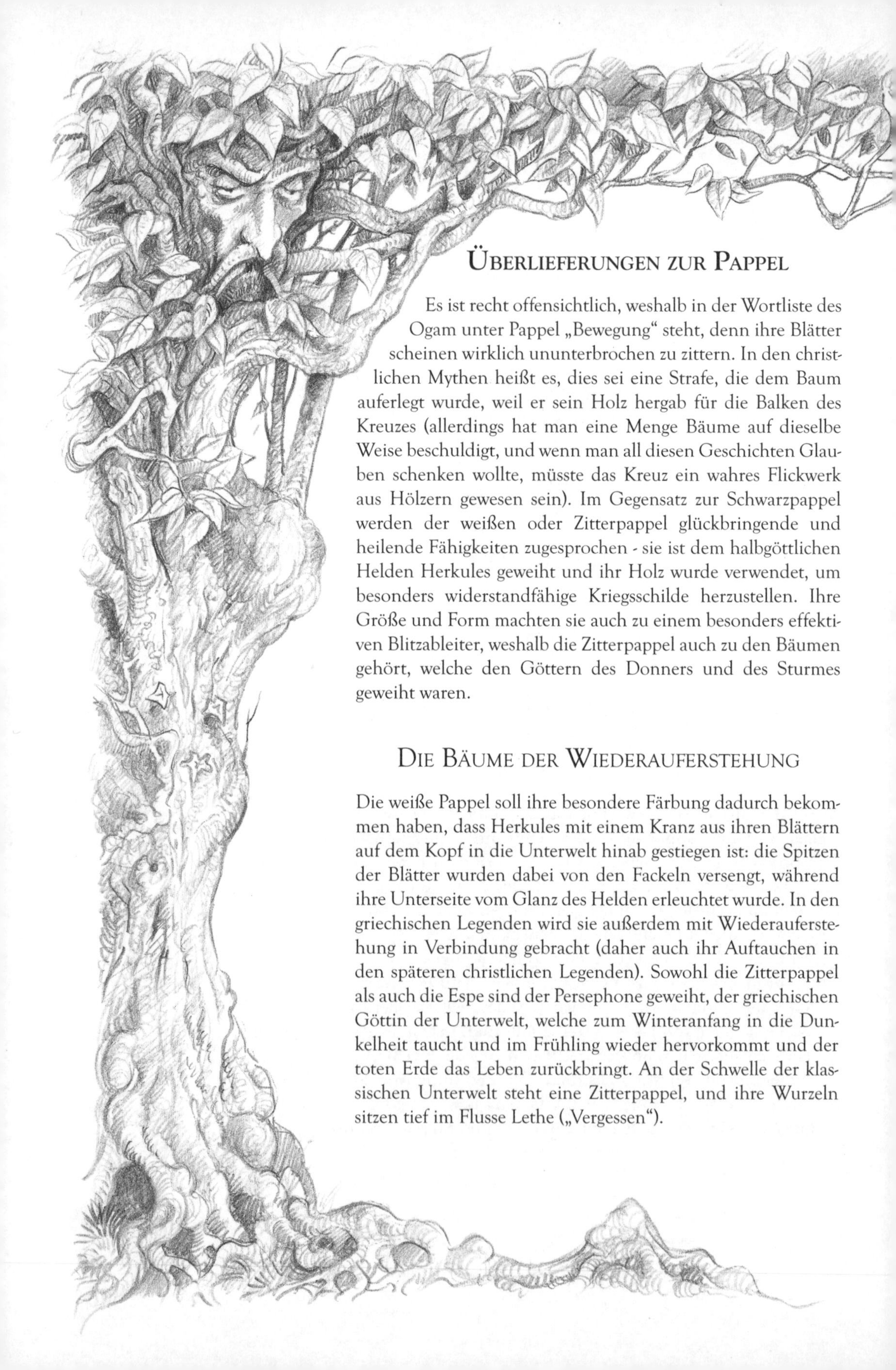

## Überlieferungen zur Pappel

Es ist recht offensichtlich, weshalb in der Wortliste des Ogam unter Pappel „Bewegung“ steht, denn ihre Blätter scheinen wirklich ununterbrochen zu zittern. In den christlichen Mythen heißt es, dies sei eine Strafe, die dem Baum auferlegt wurde, weil er sein Holz hergab für die Balken des Kreuzes (allerdings hat man eine Menge Bäume auf dieselbe Weise beschuldigt, und wenn man all diesen Geschichten Glauben schenken wollte, müsste das Kreuz ein wahres Flickwerk aus Hölzern gewesen sein). Im Gegensatz zur Schwarzpappel werden der weißen oder Zitterpappel glückbringende und heilende Fähigkeiten zugesprochen - sie ist dem halbgöttlichen Helden Herkules geweiht und ihr Holz wurde verwendet, um besonders widerstandfähige Kriegsschilde herzustellen. Ihre Größe und Form machten sie auch zu einem besonders effektiven Blitzableiter, weshalb die Zitterpappel auch zu den Bäumen gehört, welche den Göttern des Donners und des Sturmes geweiht waren.

## Die Bäume der Wiederauferstehung

Die weiße Pappel soll ihre besondere Färbung dadurch bekommen haben, dass Herkules mit einem Kranz aus ihren Blättern auf dem Kopf in die Unterwelt hinab gestiegen ist: die Spitzen der Blätter wurden dabei von den Fackeln versengt, während ihre Unterseite vom Glanz des Helden erleuchtet wurde. In den griechischen Legenden wird sie außerdem mit Wiederauferstehung in Verbindung gebracht (daher auch ihr Auftauchen in den späteren christlichen Legenden). Sowohl die Zitterpappel als auch die Espe sind der Persephone geweiht, der griechischen Göttin der Unterwelt, welche zum Winteranfang in die Dunkelheit taucht und im Frühling wieder hervorkommt und der toten Erde das Leben zurückbringt. An der Schwelle der klassischen Unterwelt steht eine Zitterpappel, und ihre Wurzeln sitzen tief im Flusse Lethe („Vergessen“).

## Samhain-Rauch

Sowohl die weiße wie auch die schwarze Pappel und die Espe (siehe Seite 95) haben enge Verbindungen zu den Winden, welche ihre Stimmen erheben, wenn die Blätter rascheln. Aus diesem Grunde verwendet man oftmals ihre Knospen, ihre Borke und ihre Blätter zur Raucherzeugung für Zwecke der Weissagung. Bei den Kelten war die Pappel eng verbunden mit dem Fest Samhain (1. November), wenn alle alten und überholten Gedanken und Ideen im Rauch der Räucherfeuer davon schweben durften.

## Die Bäume des Mondes

In der klassischen Überlieferung werden drei Bäume mit dem dreifachen Aspekt der Mondgöttin gleichgesetzt: die Espe ist die Jungfrau, die weiße Pappel ist die Mutter und die schwarze Pappel ist die alte Weise. Alle drei Bäume werden jeweils mit einer Heldenfigur assoziiert, welche oft von einer Göttin beschützt und geleitet wird und der das Glück mehr als hold ist, wodurch sie sich den schrecklichsten Herausforderungen zu stellen vermag. Die Bewegung der Blätter und ihre flüsternden Stimmen können uns in einen tranceartigen Zustand versetzen, aus dem selbst die stärksten unter uns noch etwas zu lernen haben.

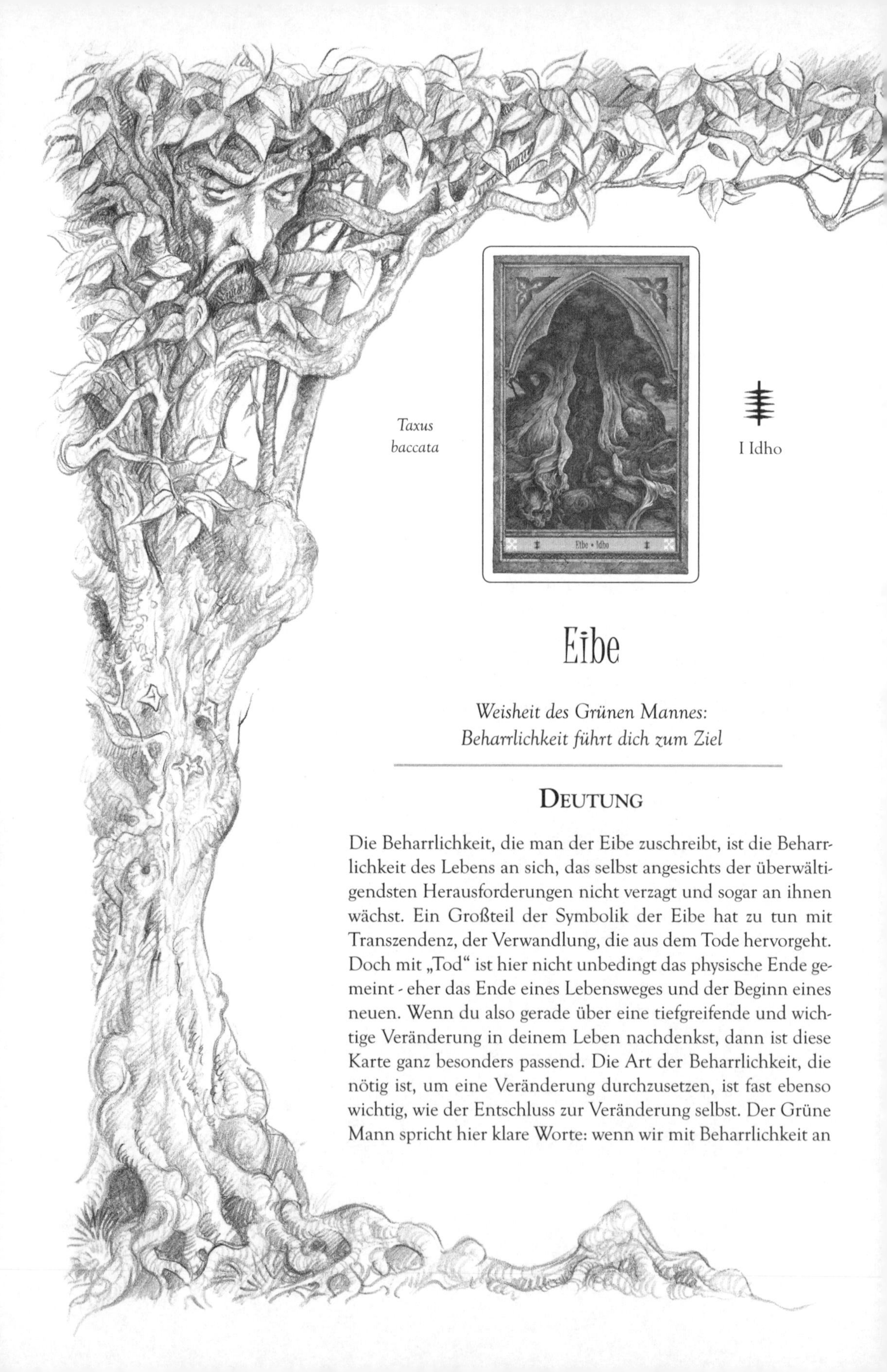


*Taxus baccata*

I Idho

# Eibe

*Weisheit des Grünen Mannes:*
*Beharrlichkeit führt dich zum Ziel*

---

## Deutung

Die Beharrlichkeit, die man der Eibe zuschreibt, ist die Beharrlichkeit des Lebens an sich, das selbst angesichts der überwältigendsten Herausforderungen nicht verzagt und sogar an ihnen wächst. Ein Großteil der Symbolik der Eibe hat zu tun mit Transzendenz, der Verwandlung, die aus dem Tode hervorgeht. Doch mit „Tod“ ist hier nicht unbedingt das physische Ende gemeint - eher das Ende eines Lebensweges und der Beginn eines neuen. Wenn du also gerade über eine tiefgreifende und wichtige Veränderung in deinem Leben nachdenkst, dann ist diese Karte ganz besonders passend. Die Art der Beharrlichkeit, die nötig ist, um eine Veränderung durchzusetzen, ist fast ebenso wichtig, wie der Entschluss zur Veränderung selbst. Der Grüne Mann spricht hier klare Worte: wenn wir mit Beharrlichkeit an

eine Sache herangehen, können wir die Aufgaben, die wir uns gestellt haben, viel besser und leichter erfüllen.

## Überlieferungen zur Eibe

Die Eibe wird deshalb so oft mit Beharrlichkeit in Verbindung gebracht, weil sie in vielen Märchen über verhängnisvolle Liebe auftaucht, in denen nur die Ausdauer die Liebenden beieinander hält und manchmal zu einer Wiedervereinigung jenseits des Grabes führt. In der Geschichte von Tristan und Isolde (aus den Artus-Mythen) können die Liebenden nicht zusammenkommen, weil Isolde mit Tristans Onkel, König Mark von Cornwall, verheiratet ist. Und so begegnen sie sich im Geheimen, beständig auf der Suche nach einer Möglichkeit, Isolde von ihrem Ehemann loszueisen. Am Ende sterben sie einen tragischen Tod und werden zu beiden Seiten des Mittelschiffes in der Kapelle von Tintagel Castle begraben. Von ihren Gräbern erwachsen Eiben, die König Mark immer wieder zu fällen versucht. Schließlich aber gibt er der Kraft der Liebe nach, die selbst über den Tod noch hinausgeht - uns so wuchsen die Eiben in ungeheurer Geschwindigkeit bis zum Dach der Kirche hinauf, wo sie sich dann einander entgegenreckten und sich für immer ineinander verschlangen.

## Der Baum des Todes

Im Zusammenhang mit dem Tod gibt es jedoch auch eine dunklere Symbolik der Eibe. In Irland ist die Eibe bekannt als „Ruhm der Banbha“, denn sie war der gleichnamigen Göttin geweiht - dem Todesaspekt der dreifachen Kriegsgöttin Banbha, Fodhla und Eire. In der klassischen Welt war sie der Hekate unterstellt, einer recht finsteren Göttin, der die Römer in der Hoffnung auf einen milden Winter zum Fest der Saturnalien schwarze Stiere zum Opfer brachten, die sie mit Eibenkränzen schmückten. Shakespeare erinnert sich dessen in seinem Macbeth, wo sich im Kessel der Hexen „Eibenstücke, silbern im Bogen des Mondes“ befinden.

## Der englische Bogen

Einige Eiben sollen so alt sein wie Stonehenge, und ihr ewiges Grün macht sie zu einem Symbol für das ewige Leben. Das Christentum hat so manches davon übernommen und die Eibe mit Tod und Wiederauferstehung assozi-

iert: Eibenzweige wurden in das Leichentuch der Verstorbenen genäht, um ihnen den Übergang in die Anderswelt zu erleichtern, und noch heute wird dieser Baum auf Kirchhöfen gerne angepflanzt. Einer der Gründe dafür war der mittelalterliche Brauch, die Soldaten am Tor des Kirchhofs zu versammeln, um ihnen vor dem Krieg den Segen zu geben (die Bogenschützen verwendeten Eibenholz für die Herstellung ihrer berühmten englischen Langbögen). Ein altes Sprichwort besagt: „England were but a fling, but fort the yew and the grey goose wing“ (die Gänsefedern wurden in die Pfeile gearbeitet). Die Eibe verfügt über Geduld und Beständigkeit und soll Leben und Tod transzendieren können.

## Uralte Weisheit

*Idho* entspricht dem gälischen Wort für Lachs (*eo*). Beide gelten als älteste ihrer Art (der älteste Baum und der älteste Fisch) und werden unzertrennlich mit der Weisheit in Verbindung gebracht. Möglicherweise waren sich die ersten Schreiber des Ogam dieser Verbindung bewusst und versuchten, die geduldigen Qualitäten von Weisheit und Beharrlichkeit im Namen dieses Buchstaben zu vereinen.

*Populus tremula*

EA Eabhadh

# Espe

*Weisheit des Grünen Mannes:*
*Wo viele zusammenkommen, ist die Kraft am größten*

## Deutung

Wann immer verschiedene Arten in der Natur zusammen kamen, hat sich das Leben beschleunigt und an Kraft gewonnen - die Pflanzen und Bäume schlugen Wurzeln, die Tiere machten sich in einem neuen Lebensraum heimisch und wurden kräftiger. Die Menschen haben das bereits früh erkannt, was sich darin zeigt, dass sie in der Gemeinschaft wollige Mammuts jagten oder solch gewaltige Monumente wie Stonehenge erschufen. Diese Kraft der Gemeinschaft wird heutzutage nur noch sehr selten wahrgenommen und selbstsüchtige Belange isolieren uns von unseren Mitmenschen. Aber wir bedürfen auch heute noch der Unterstützung der anderen, denn unsere Wurzeln ruhen alle in derselben Erde, und von der Natur können wir sehr wertvolle Lektionen lernen. Unser eigener Mangel an Fähigkeiten verschwindet ganz schnell, wenn wir all unsere Kräfte auf einen Punkt konzentrieren - dann entdecken wir unsere wirklichen Stärken und unseren Reichtum.

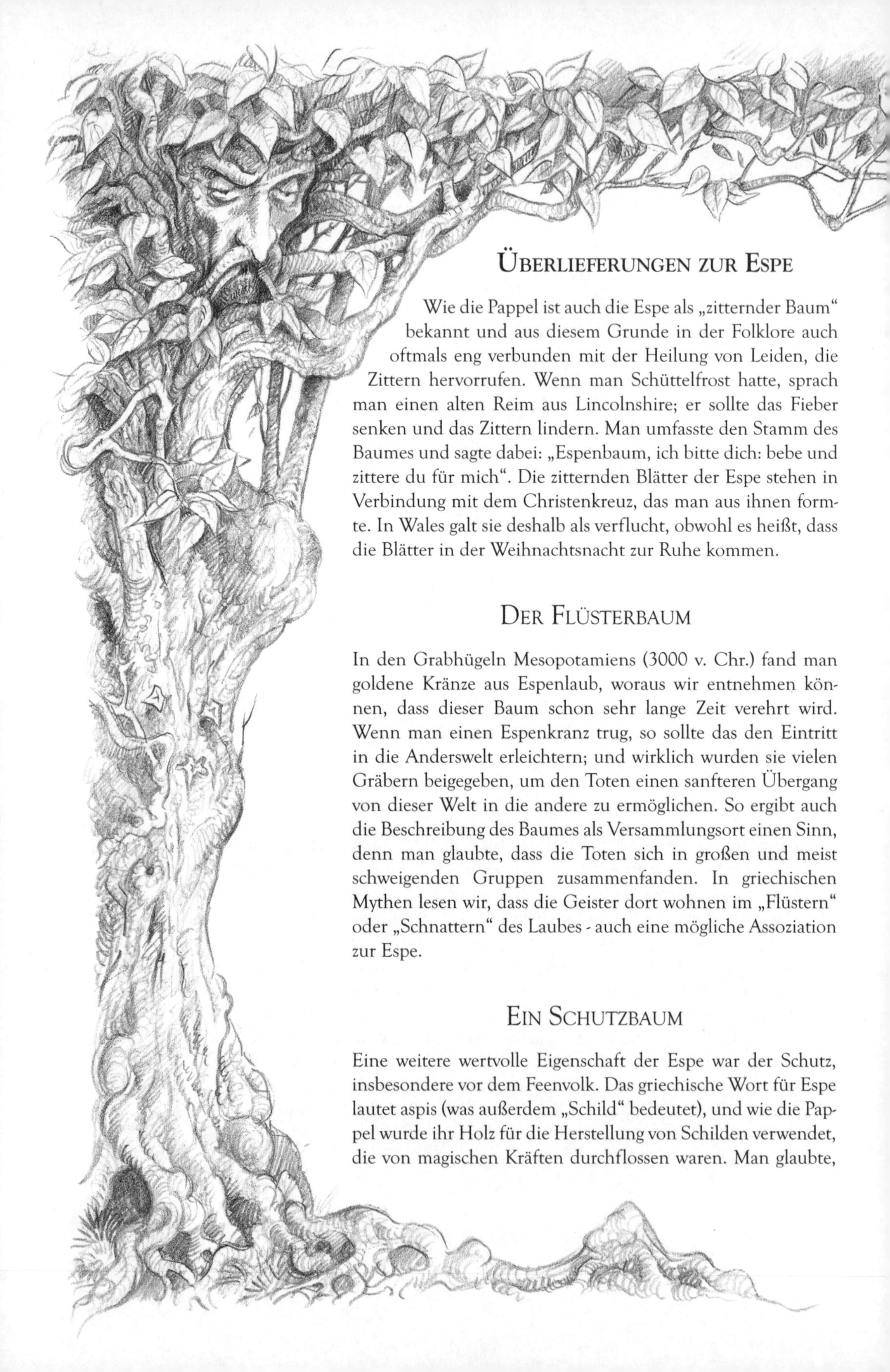

## Überlieferungen zur Espe

Wie die Pappel ist auch die Espe als „zitternder Baum" bekannt und aus diesem Grunde in der Folklore auch oftmals eng verbunden mit der Heilung von Leiden, die Zittern hervorrufen. Wenn man Schüttelfrost hatte, sprach man einen alten Reim aus Lincolnshire; er sollte das Fieber senken und das Zittern lindern. Man umfasste den Stamm des Baumes und sagte dabei: „Espenbaum, ich bitte dich: bebe und zittere du für mich". Die zitternden Blätter der Espe stehen in Verbindung mit dem Christenkreuz, das man aus ihnen formte. In Wales galt sie deshalb als verflucht, obwohl es heißt, dass die Blätter in der Weihnachtsnacht zur Ruhe kommen.

## Der Flüsterbaum

In den Grabhügeln Mesopotamiens (3000 v. Chr.) fand man goldene Kränze aus Espenlaub, woraus wir entnehmen können, dass dieser Baum schon sehr lange Zeit verehrt wird. Wenn man einen Espenkranz trug, so sollte das den Eintritt in die Anderswelt erleichtern; und wirklich wurden sie vielen Gräbern beigegeben, um den Toten einen sanfteren Übergang von dieser Welt in die andere zu ermöglichen. So ergibt auch die Beschreibung des Baumes als Versammlungsort einen Sinn, denn man glaubte, dass die Toten sich in großen und meist schweigenden Gruppen zusammenfanden. In griechischen Mythen lesen wir, dass die Geister dort wohnen im „Flüstern" oder „Schnattern" des Laubes - auch eine mögliche Assoziation zur Espe.

## Ein Schutzbaum

Eine weitere wertvolle Eigenschaft der Espe war der Schutz, insbesondere vor dem Feenvolk. Das griechische Wort für Espe lautet aspis (was außerdem „Schild" bedeutet), und wie die Pappel wurde ihr Holz für die Herstellung von Schilden verwendet, die von magischen Kräften durchflossen waren. Man glaubte,

wenn man sich ein Espenblatt auf die Zunge legte, würde einem dadurch die Gabe der Beredsamkeit verliehen, wie sie normalerweise nur die Feenkönigin selbst zu schenken vermochte. Die Espe ist Unterschlupf für Tiere und gilt deshalb besonders den Schamanen als heilig, deren Geisthelfer oftmals in Tiergestalt auftreten.

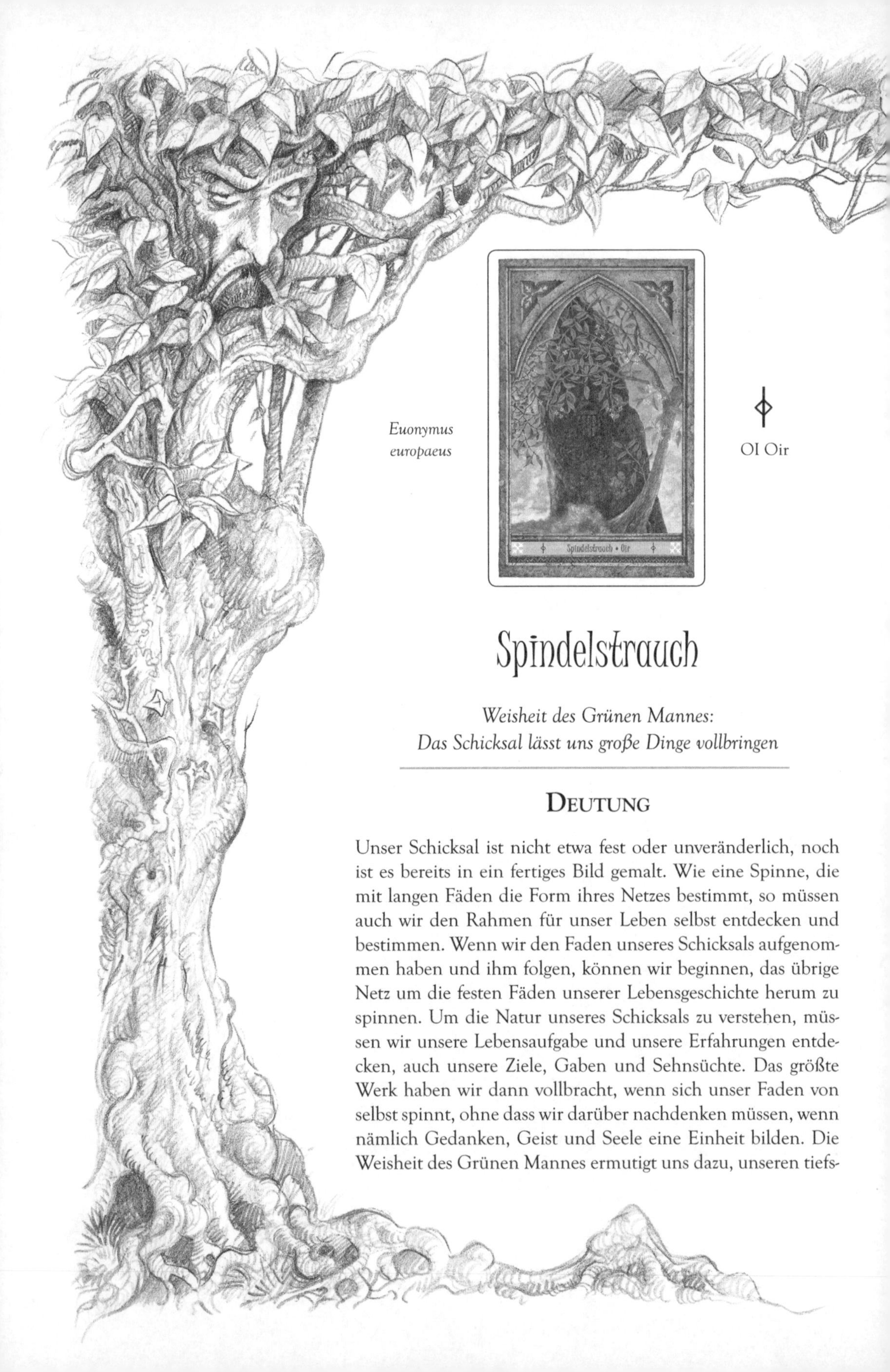


*Euonymus europaeus*

OI Oir

# Spindelstrauch

*Weisheit des Grünen Mannes:*
*Das Schicksal lässt uns große Dinge vollbringen*

## DEUTUNG

Unser Schicksal ist nicht etwa fest oder unveränderlich, noch ist es bereits in ein fertiges Bild gemalt. Wie eine Spinne, die mit langen Fäden die Form ihres Netzes bestimmt, so müssen auch wir den Rahmen für unser Leben selbst entdecken und bestimmen. Wenn wir den Faden unseres Schicksals aufgenommen haben und ihm folgen, können wir beginnen, das übrige Netz um die festen Fäden unserer Lebensgeschichte herum zu spinnen. Um die Natur unseres Schicksals zu verstehen, müssen wir unsere Lebensaufgabe und unsere Erfahrungen entdecken, auch unsere Ziele, Gaben und Sehnsüchte. Das größte Werk haben wir dann vollbracht, wenn sich unser Faden von selbst spinnt, ohne dass wir darüber nachdenken müssen, wenn nämlich Gedanken, Geist und Seele eine Einheit bilden. Die Weisheit des Grünen Mannes ermutigt uns dazu, unseren tiefs-

ten Sehnsüchten zu folgen, damit sich unser Schicksal in der äußeren Welt erfüllen kann.

## Überlieferungen zum Spindelstrauch

Der Spindelstrauch hat seinen Namen direkt von seiner Verwendung geerbt - der Herstellung von Spindeln zum Spinnen. Damit hat er gleichzeitig eine sehr starke Verbindung zum Weben des Schicksals sowie zu den Gottheiten, die mit den heiligen Künsten des Spinnens und Webens betraut sind. Die Weberinnen der nordischen Mythologie (die drei Nornen) waren auf das Engste mit der Spindel verbunden, ebenso ihre griechischen Entsprechungen, die Parzen - sie spannen, webten und zerschnitten den Lebensfaden. Die Symbolik ist in jedem Fall dieselbe: die Göttinnen webten den Lebensfaden eines jeden Menschen in einen gewaltigen Teppich ein, der die gesamte Schöpfung darstellte, und wenn sie den Faden einer lebendigen Person zerschnitten, beendeten sie damit deren Leben auf der Stelle. Einige Geschichten berichten darüber, wie so mancher Held seinen Weg in die Unterwelt machte und dort die Schicksalsgöttinnen aufsuchte, die sein Schicksal zu verändern vermochten, indem sie Teile des Teppichs neu webten oder wieder auftrennten; das Muster aber war so kompliziert, dass allein die Göttinnen in der Lage waren, einen einzelnen Faden zu verfolgen. Eine weitere Assoziation zur Spindel ist die Geburt, vermutlich weil das Schicksal eines jeden Kindes bereits gewoben ist, noch ehe es geboren wurde. Die Parzen selbst wohnten manches Mal der Geburt eines Helden bei.

## Die Göttinnen der Unterwelt

Interessanterweise erinnern die kleinen roten Beeren des Spindelstrauches an winzige Granatäpfel, die (wenn man sie öffnet) kleine, orange Samen enthalten. Die Symbolik des Granatapfels ist uns aus der Geschichte der Persephone wohl bekannt, die laut der griechischen Überlieferung zur Königin der Unterwelt wurde, nachdem sie von Hades entführt worden war. Wieder einmal finden wir die Verbindung zu Schicksal und Fügung, welche von den Göttinnen der Unterwelt überwacht werden. Die Göttin Hekate führte Persephones Mutter zu ihr, indem sie einen Faden spann, der sie in die Unterwelt geleitete. Auch Ariadne spann einen Faden aus roter Wolle, um dem Helden Theseus bei seiner Flucht vor dem Minotaurus zu helfen.

## Sternenspinnerinnen

In vielen Mythen heißt es, dass die spinnenden Göttinnen den Stoff der Schöpfung selbst weben. Die ägyptische Göttin Nut trug stets ein Weberschiff bei sich, und man sagt, dass sie das Universum zum Leben „erwebte". In manchen Punkten kann man sie der griechischen Athene gleichsetzen, die ebenfalls eine Webergöttin ist und die Frauen der klassischen Welt diese Kunst gelehrt haben soll. Wir wissen von der berühmten Begegnung zwischen Athene und einer lydischen Weberin namens Arachne, die verkündete, dass ihr Gewebe feiner sei als das der Göttin. Die beiden traten in einen Wettstreit, und während Athene Geschichten webte von Menschen, die die Götter verärgerten, webte Arachne Geschichten, in denen auch die Götter ihre Fehler hatten - das machte Athene so wütend (entweder aufgrund des Themas oder weil es tatsächlich das bessere Gewebe war), dass sie den Stoff in Stücke riss. Daraufhin war Arachne so unglücklich, dass sie sich erhängte, weshalb Athene sie in eine Spinne verwandelte.

*Lonicera periclymenum*

UI Uinllean

# Geißblatt

*Weisheit des Grünen Mannes: Die Weisheit verbirgt sich an geheimen Orten*

## Deutung

Für die Alten war die Weisheit etwas Geheimes oder Verborgenes und konnte nur von den Eingeweihten erlangt werden, nicht aber von gewöhnlichen Männern oder Frauen. Dieser Gedanke entstammt dem Wunsch, die Macht des Rätselhaften zu bewahren, also dem Eingreifen des Göttlichen in das alltägliche Leben. Die wahre Natur der Weisheit trug jeder Mensch in sich, doch die Praktiken und Rituale, die direkt von den Göttern gelehrt wurden, hielt man geheim, denn sie für alle zugänglich zu machen, hätte bedeutet, sie zu schwächen. Durch ihre Enthüllung während des Einweihungserlebnisses gelangte schließlich Licht in das Dunkel der Seele und erleuchtete die tiefsten Sehnsüchte der Menschheit. Heute ist es auch nicht einfacher, die Weisheit zu entdecken, doch sie ist nach wie vor stets um uns herum. Ziehst du das Geißblatt bei deiner Weissagung, so deutet es darauf hin, dass ein wahrer Schatz an Weisheit vor dir im Verborgenen liegt, die nur darauf wartet, entdeckt und erforscht zu werden.

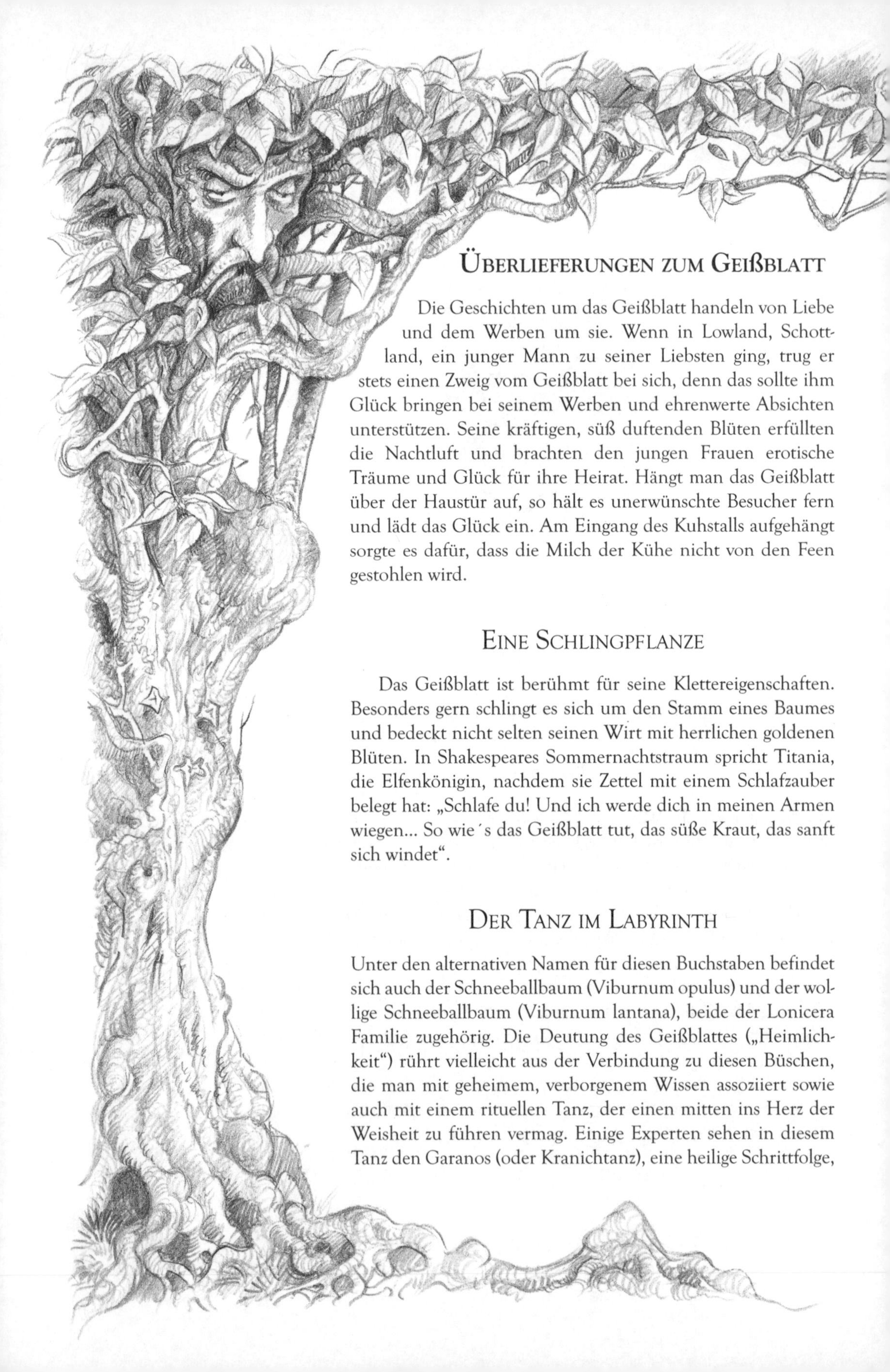

## Überlieferungen zum Geißblatt

Die Geschichten um das Geißblatt handeln von Liebe und dem Werben um sie. Wenn in Lowland, Schottland, ein junger Mann zu seiner Liebsten ging, trug er stets einen Zweig vom Geißblatt bei sich, denn das sollte ihm Glück bringen bei seinem Werben und ehrenwerte Absichten unterstützen. Seine kräftigen, süß duftenden Blüten erfüllten die Nachtluft und brachten den jungen Frauen erotische Träume und Glück für ihre Heirat. Hängt man das Geißblatt über der Haustür auf, so hält es unerwünschte Besucher fern und lädt das Glück ein. Am Eingang des Kuhstalls aufgehängt sorgte es dafür, dass die Milch der Kühe nicht von den Feen gestohlen wird.

## Eine Schlingpflanze

Das Geißblatt ist berühmt für seine Klettereigenschaften. Besonders gern schlingt es sich um den Stamm eines Baumes und bedeckt nicht selten seinen Wirt mit herrlichen goldenen Blüten. In Shakespeares Sommernachtstraum spricht Titania, die Elfenkönigin, nachdem sie Zettel mit einem Schlafzauber belegt hat: „Schlafe du! Und ich werde dich in meinen Armen wiegen... So wie´s das Geißblatt tut, das süße Kraut, das sanft sich windet".

## Der Tanz im Labyrinth

Unter den alternativen Namen für diesen Buchstaben befindet sich auch der Schneeballbaum (Viburnum opulus) und der wollige Schneeballbaum (Viburnum lantana), beide der Lonicera Familie zugehörig. Die Deutung des Geißblattes („Heimlichkeit") rührt vielleicht aus der Verbindung zu diesen Büschen, die man mit geheimem, verborgenem Wissen assoziiert sowie auch mit einem rituellen Tanz, der einen mitten ins Herz der Weisheit zu führen vermag. Einige Experten sehen in diesem Tanz den Garanos (oder Kranichtanz), eine heilige Schrittfolge,

wie sie in den Labyrinthen der alten Welt getanzt wurde. Der Gang durch solch ein Labyrinth galt als Initiationsreise, die von einem Zustand der göttlichen Unkenntnis in den der Erfahrung führt - und so wird die Heimlichkeit des Geißblattes zur Suche nach geheimem Wissen.

*Ribes grossularia*

IO Ifin

# Stachelbeere

*Weisheit des Grünen Mannes:*
*Die Ahnen sind diesen Weg schon vor dir gegangen*

## Deutung

Das Ahnenwissen beinhaltet die tiefsten Ebenen des Wissens und der Lehren, zu denen wir je Zugang haben werden. Die Ahnen sind nicht nur diejenigen Menschen, von denen wir abstammen, sondern auch das allererste Elternpaar, von dem die gesamte Menschheit geboren wurde. In fast allen Kulturen der Welt glaubt man, dass sie in der Unterwelt zuhause sind, wo sie das Wissen und die Weisheit derer hüten, die die Welt bereits verlassen haben. Jeder Gedanke, jedes Wort, jeder Traum und jede Idee liegt stets für uns bereit im Reich der Ahnen. Die traditionellen Schamanen berichten uns, dass man, wenn man dort hingeht, in einem Seinszustand erwacht, in dem man zu all diesen wohl behüteten Informationen Zugang erhält; wenn sie also eine Antwort auf eine bedeutsame Frage begehren oder in Not sind, dann ist es dieses Reich, in das sie sich aufmachen.

Diese Karte will dir zeigen, dass du berechtigt bist, auf das kollektive Wissen jener zurückzugreifen, die ihren Weg vor dir gemacht haben.

## Überlieferungen zur Stachelbeere

In verschiedenen Teilen Britanniens hören wir vom „Stachelbeerweib", die zuweilen in Gestalt einer großen, haarigen Raupe erscheint und zur Abschreckung für Kinder dient, die sich schlecht benehmen - „Wenn du nachts nach draußen gehst, wird das Stachelbeerweib dich fangen", heißt ein Sprichwort auf der Isle of Man. In Cornwall verwendete man die Stachelbeere zur Heilung vom Gerstenkorn, indem man einen Dorn auf das Auge richtete und dabei sprach: „Fort! Fort! Fort!"; das wiederholte man solange, bis die Entzündung abgeklungen war. Aufgrund ihrer Dornen wurden in Deutschland Stachelbeerbüsche um die Kuhweisen gepflanzt, um Hexen oder Feen fernzuhalten. Die Dornen selbst, welche die Beeren schützen, sind geradezu ein Symbol für die Frucht des Ahnenwissens, das in den Geheimlehren vor zufälliger Entdeckung geschützt ist.

## Der Stachelbeerbusch

Die Stachelbeere wurde früher verwendet, um die Wehenschmerzen der Frauen zu lindern, daher kommt auch ihre Assoziation mit der Geburt. Der Stachelbeerbusch ist einer ganzen Anzahl von Göttinnen der Geburt geweiht, insbesondere der keltischen Brigid - die, laut späteren Überlieferungen, die Amme des Jesus gewesen sein soll - und der römischen Juno, der Mutter aller Götter. Der Zusammenhang zwischen der Stachelbeere und dem Ahnenwissen kommt vermutlich von dieser Verbindung mit dem Gebären, denn das ist es, was das Erbe der Ahnen auf das neugeborene Kind übergehen lässt.

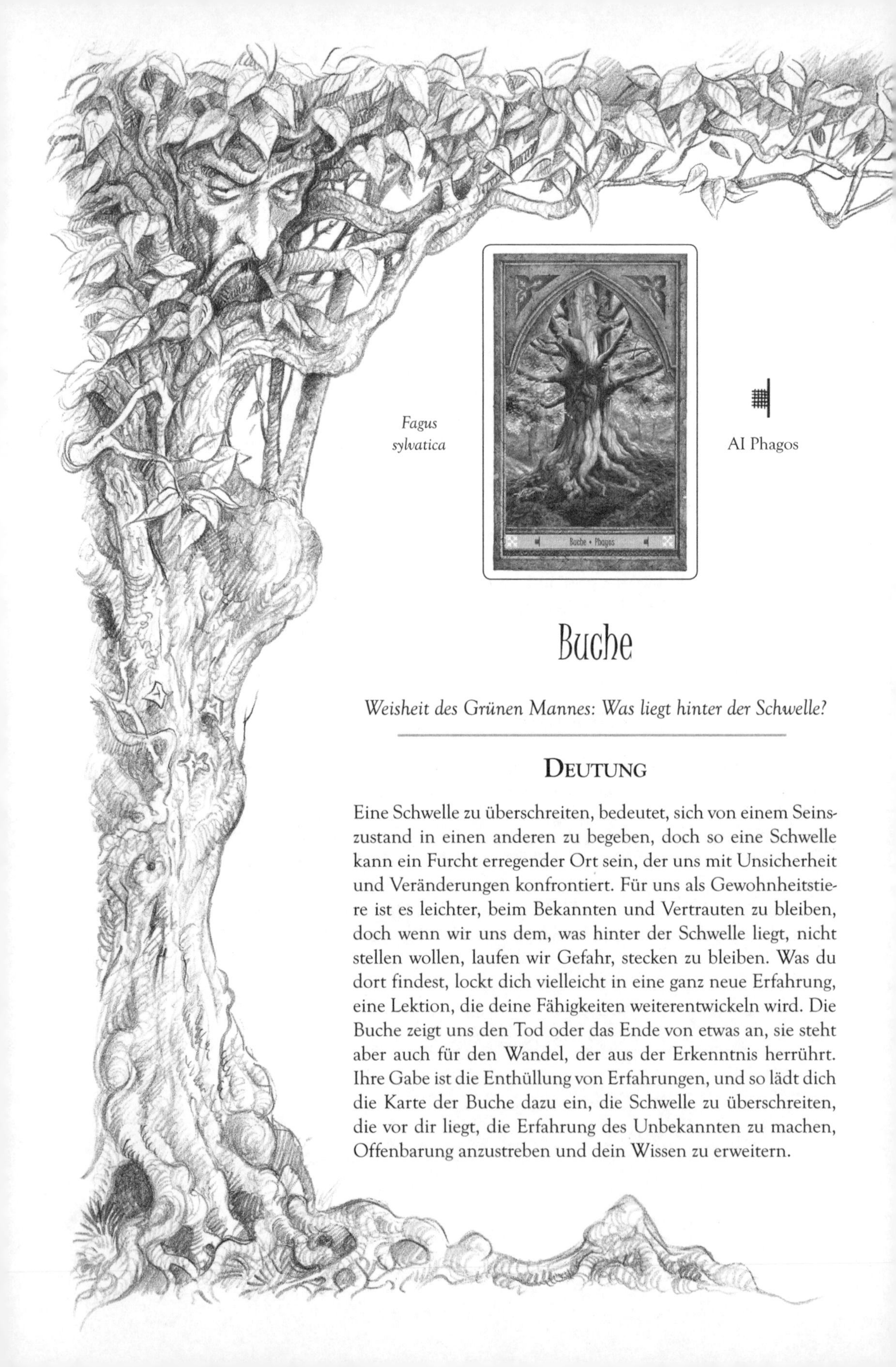


*Fagus sylvatica*

AI Phagos

# Buche

*Weisheit des Grünen Mannes: Was liegt hinter der Schwelle?*

## Deutung

Eine Schwelle zu überschreiten, bedeutet, sich von einem Seinszustand in einen anderen zu begeben, doch so eine Schwelle kann ein Furcht erregender Ort sein, der uns mit Unsicherheit und Veränderungen konfrontiert. Für uns als Gewohnheitstiere ist es leichter, beim Bekannten und Vertrauten zu bleiben, doch wenn wir uns dem, was hinter der Schwelle liegt, nicht stellen wollen, laufen wir Gefahr, stecken zu bleiben. Was du dort findest, lockt dich vielleicht in eine ganz neue Erfahrung, eine Lektion, die deine Fähigkeiten weiterentwickeln wird. Die Buche zeigt uns den Tod oder das Ende von etwas an, sie steht aber auch für den Wandel, der aus der Erkenntnis herrührt. Ihre Gabe ist die Enthüllung von Erfahrungen, und so lädt dich die Karte der Buche dazu ein, die Schwelle zu überschreiten, die vor dir liegt, die Erfahrung des Unbekannten zu machen, Offenbarung anzustreben und dein Wissen zu erweitern.

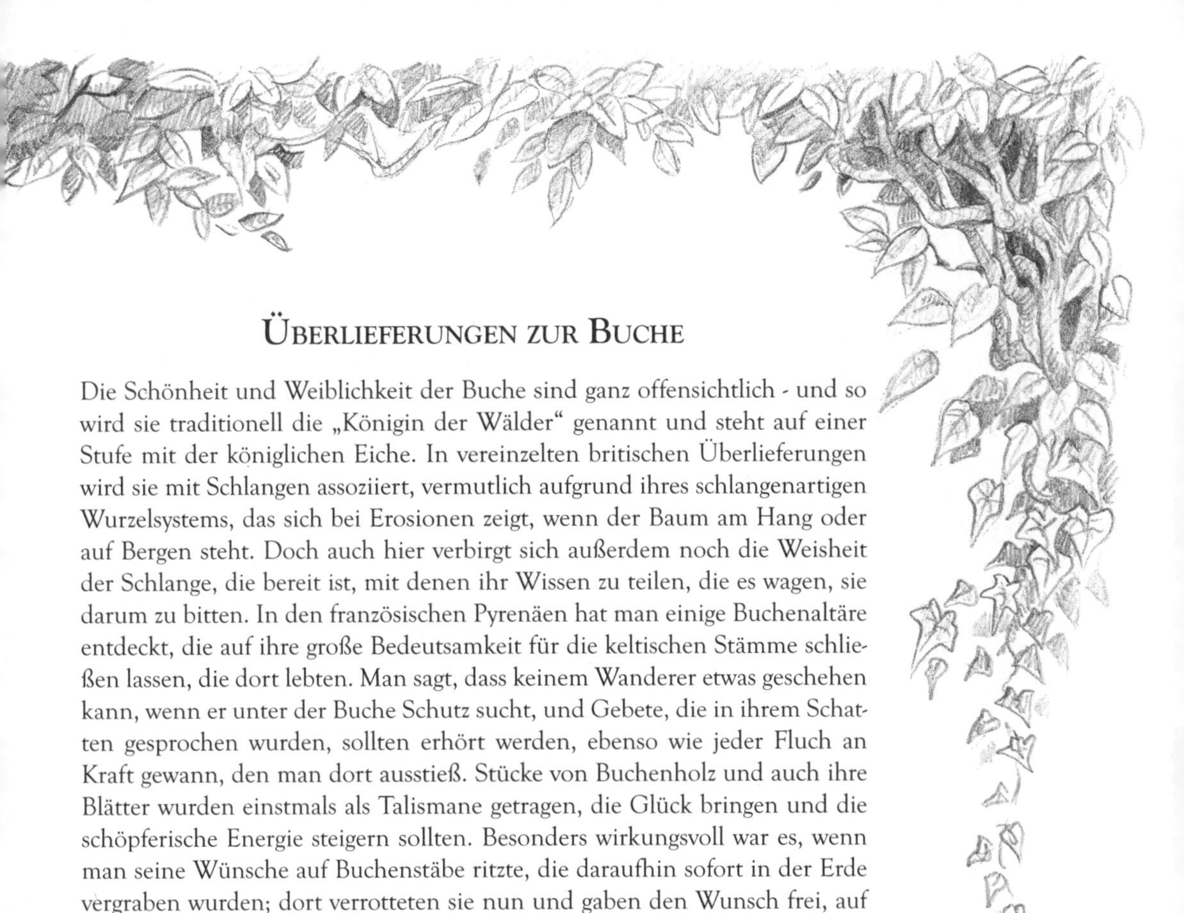

## Überlieferungen zur Buche

Die Schönheit und Weiblichkeit der Buche sind ganz offensichtlich - und so wird sie traditionell die „Königin der Wälder" genannt und steht auf einer Stufe mit der königlichen Eiche. In vereinzelten britischen Überlieferungen wird sie mit Schlangen assoziiert, vermutlich aufgrund ihres schlangenartigen Wurzelsystems, das sich bei Erosionen zeigt, wenn der Baum am Hang oder auf Bergen steht. Doch auch hier verbirgt sich außerdem noch die Weisheit der Schlange, die bereit ist, mit denen ihr Wissen zu teilen, die es wagen, sie darum zu bitten. In den französischen Pyrenäen hat man einige Buchenaltäre entdeckt, die auf ihre große Bedeutsamkeit für die keltischen Stämme schließen lassen, die dort lebten. Man sagt, dass keinem Wanderer etwas geschehen kann, wenn er unter der Buche Schutz sucht, und Gebete, die in ihrem Schatten gesprochen wurden, sollten erhört werden, ebenso wie jeder Fluch an Kraft gewann, den man dort ausstieß. Stücke von Buchenholz und auch ihre Blätter wurden einstmals als Talismane getragen, die Glück bringen und die schöpferische Energie steigern sollten. Besonders wirkungsvoll war es, wenn man seine Wünsche auf Buchenstäbe ritzte, die daraufhin sofort in der Erde vergraben wurden; dort verrotteten sie nun und gaben den Wunsch frei, auf dass er sich in der äußeren Welt manifestieren konnte.

## Der schönste Baum

Der römische Schreiber und Naturforscher Plinius beschreibt uns, wie ein Hüter eines Buchenhaines auf den *Alban Hills* (der Göttin Diana geweiht) einen bestimmten Baum mit ungewöhnlicher Treue verehrte. Jeden Tag ging er zu ihm, um sich in seinen Schatten zu betten, Trankopfer über seine Wurzeln zu gießen, ihn zu herzen und zu küssen als wäre er eine Frau. Offenbar betrachtete er ihn als lebendiges Abbild der Göttin selbst und war überzeugt davon, dass das Glück ihm immer hold blieb, wenn er den Baum verehrte.

## Hüter des Wissens

Die dünnen Blätter aus Buchenholz sollen zum ersten Buch gebunden worden sein, woraus sich auch seine vordergründige Verbindung mit dem Aufschreiben und Weitergeben von Wissen und Überlieferungen ergibt. Das angelsächsische Wort für Buche war *bok* (woraus später „book" wurde), im Deutschen ist der Zusammenhang besonders deutlich: *Buche* und *Buch*; und im Schwedischen bedeutet das Wort *bok* sowohl „Buch" als auch „Buche". Aus

diesen Verbindungen heraus wurde die Buche schließlich auch mit den Göttern des Lernens assoziiert. Im ägyptischen Pantheon ist Toth der Erfinder des Schreibens und der Hüter des Wissens. Hermes ist sein griechisches Äquivalent, während Ogma in den keltischen und Odin in den nordischen Überlieferungen verantwortlich waren für die Entdeckung der Buchstaben, die letztlich das Ogam Alphabet und die Runen bildeten (siehe Kapitel 1). Getrocknete Buchenblätter wurden in Frankreich bis ins 19. Jahrhundert hinein zum Stopfen von Matratzen verwendet; das sanfte Flüstern, das sie von sich gaben, wenn man sich darauf legte, verlieh ihnen dann auch den Namen *lits de parlement* („sprechende Betten"). Schlief man auf solch einer Matratze und stellte vor dem Einschlafen eine Frage, so sollte einem im Schlaf eine weise Antwort gegeben werden.

Kapitel 4

# Aus den Blättern lesen

## Die Weisheit der Wälder erlangen

*Wie lange braucht es, die Wälder zu erschaffen?*
*So lange, wie es braucht, die Welt zu erschaffen.*

Wendell Berry, *Sabbaths*

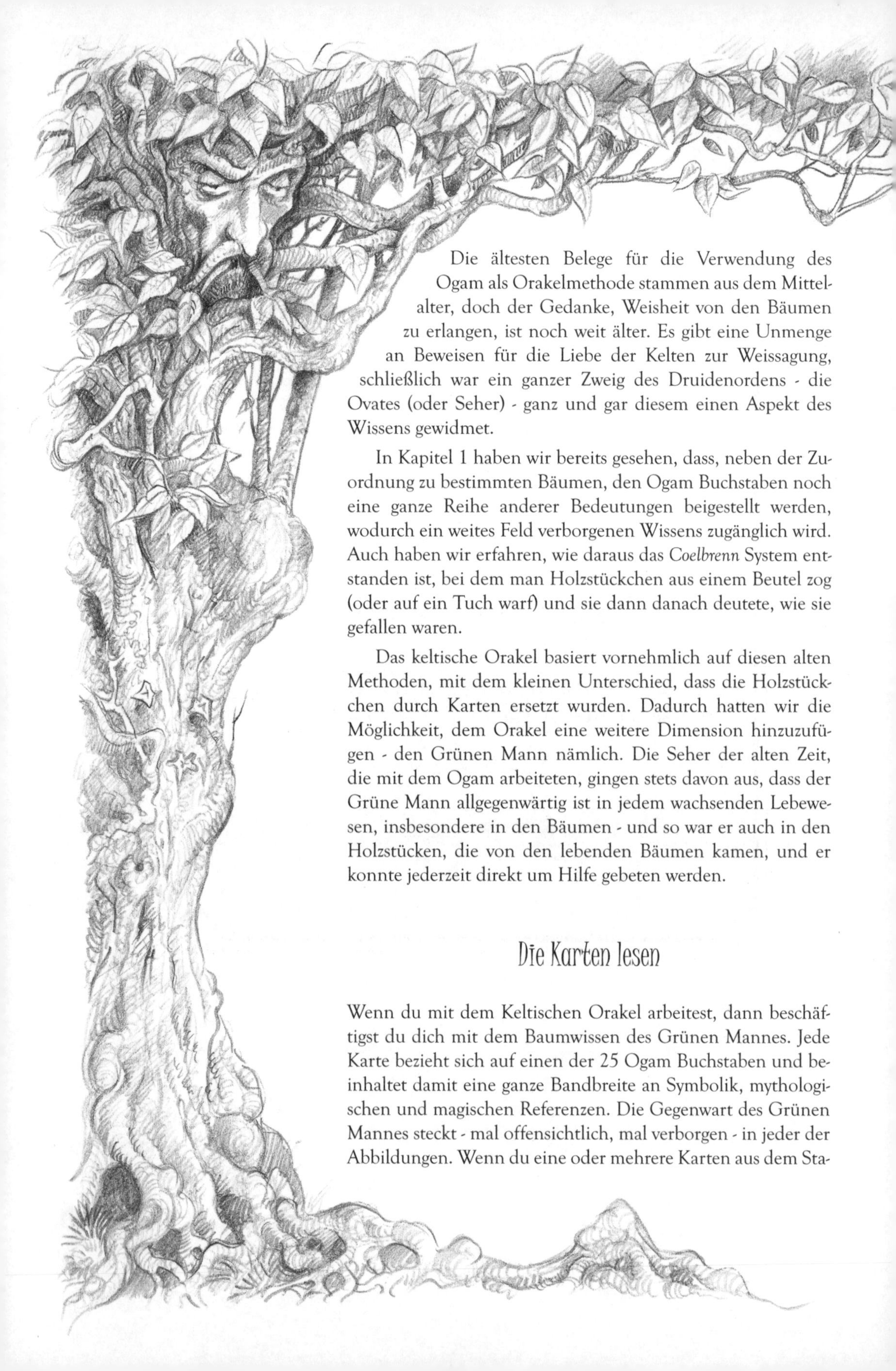

Die ältesten Belege für die Verwendung des Ogam als Orakelmethode stammen aus dem Mittelalter, doch der Gedanke, Weisheit von den Bäumen zu erlangen, ist noch weit älter. Es gibt eine Unmenge an Beweisen für die Liebe der Kelten zur Weissagung, schließlich war ein ganzer Zweig des Druidenordens - die Ovates (oder Seher) - ganz und gar diesem einen Aspekt des Wissens gewidmet.

In Kapitel 1 haben wir bereits gesehen, dass, neben der Zuordnung zu bestimmten Bäumen, den Ogam Buchstaben noch eine ganze Reihe anderer Bedeutungen beigestellt werden, wodurch ein weites Feld verborgenen Wissens zugänglich wird. Auch haben wir erfahren, wie daraus das *Coelbrenn* System entstanden ist, bei dem man Holzstückchen aus einem Beutel zog (oder auf ein Tuch warf) und sie dann danach deutete, wie sie gefallen waren.

Das keltische Orakel basiert vornehmlich auf diesen alten Methoden, mit dem kleinen Unterschied, dass die Holzstückchen durch Karten ersetzt wurden. Dadurch hatten wir die Möglichkeit, dem Orakel eine weitere Dimension hinzuzufügen - den Grünen Mann nämlich. Die Seher der alten Zeit, die mit dem Ogam arbeiteten, gingen stets davon aus, dass der Grüne Mann allgegenwärtig ist in jedem wachsenden Lebewesen, insbesondere in den Bäumen - und so war er auch in den Holzstücken, die von den lebenden Bäumen kamen, und er konnte jederzeit direkt um Hilfe gebeten werden.

## Die Karten lesen

Wenn du mit dem Keltischen Orakel arbeitest, dann beschäftigst du dich mit dem Baumwissen des Grünen Mannes. Jede Karte bezieht sich auf einen der 25 Ogam Buchstaben und beinhaltet damit eine ganze Bandbreite an Symbolik, mythologischen und magischen Referenzen. Die Gegenwart des Grünen Mannes steckt - mal offensichtlich, mal verborgen - in jeder der Abbildungen. Wenn du eine oder mehrere Karten aus dem Sta-

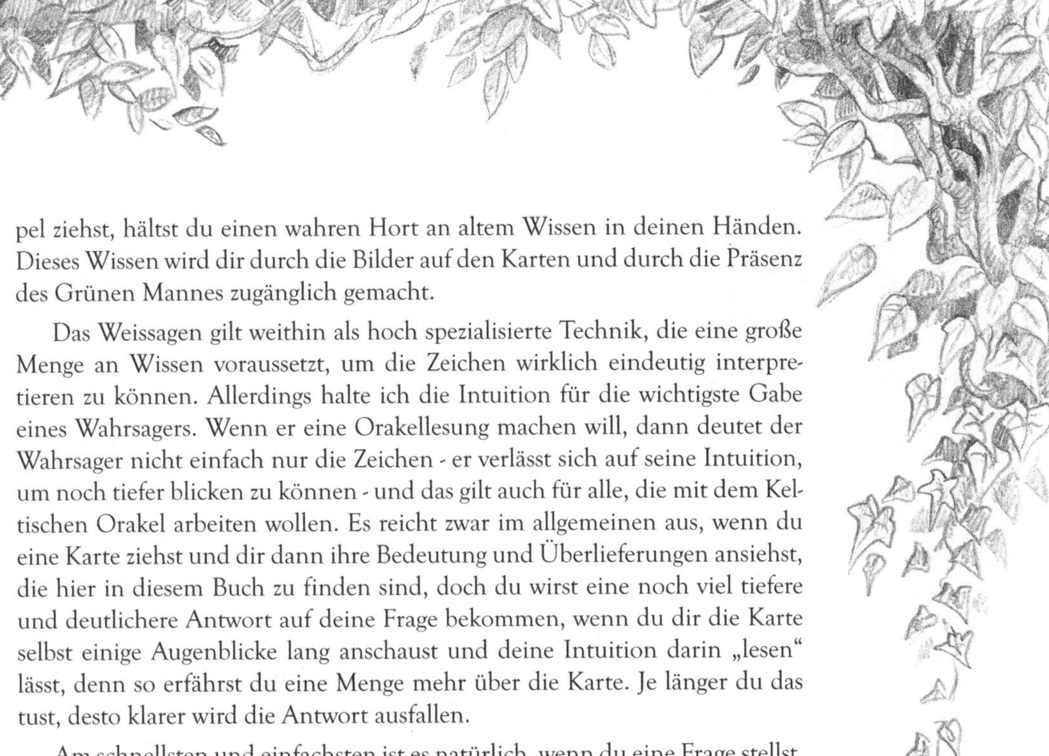

pel ziehst, hältst du einen wahren Hort an altem Wissen in deinen Händen. Dieses Wissen wird dir durch die Bilder auf den Karten und durch die Präsenz des Grünen Mannes zugänglich gemacht.

Das Weissagen gilt weithin als hoch spezialisierte Technik, die eine große Menge an Wissen voraussetzt, um die Zeichen wirklich eindeutig interpretieren zu können. Allerdings halte ich die Intuition für die wichtigste Gabe eines Wahrsagers. Wenn er eine Orakellesung machen will, dann deutet der Wahrsager nicht einfach nur die Zeichen - er verlässt sich auf seine Intuition, um noch tiefer blicken zu können - und das gilt auch für alle, die mit dem Keltischen Orakel arbeiten wollen. Es reicht zwar im allgemeinen aus, wenn du eine Karte ziehst und dir dann ihre Bedeutung und Überlieferungen ansiehst, die hier in diesem Buch zu finden sind, doch du wirst eine noch viel tiefere und deutlichere Antwort auf deine Frage bekommen, wenn du dir die Karte selbst einige Augenblicke lang anschaust und deine Intuition darin „lesen" lässt, denn so erfährst du eine Menge mehr über die Karte. Je länger du das tust, desto klarer wird die Antwort ausfallen.

Am schnellsten und einfachsten ist es natürlich, wenn du eine Frage stellst, eine Karte ziehst, das Buch zu Rate ziehst und so zu deiner Antwort kommst - entweder durch die einzeilige *Weisheit des Grünen Mannes* oder durch die etwas längeren Deutungen. Dann kannst du, wenn du willst, auch die magischen und mythologischen Überlieferungen zu jedem Baum nachschlagen, was deine Antwort vielleicht noch ein wenig mehr erhellen kann. Aber ich will noch einmal darauf hinweisen: je länger du dich mit der Karte beschäftigst, desto deutlicher wird deine Antwort ausfallen.

Für kompliziertere Fragen brauchst du vielleicht eine detailliertere Auslegung - für diesen Fall haben wir uns entschlossen, dir vier Legesysteme vorzuschlagen, die du dann in verschiedenen Situationen anwenden kannst. Es gibt jedoch noch zwei Aspekte der Weissagung, die unbedingt bedacht werden müssen: wie formuliert und stellt man seine Frage und wie beschwört man den Grünen Mann.

## Die Frage formulieren

Vielleicht glaubst du ja, dass eine Frage zu stellen nicht weiter schwierig ist, unter Umständen hast du damit sogar Recht. Aber es ist bewiesen - und das würden alle professionellen Wahrsager unterschreiben -, dass ein Überdenken und sorgsames Formulieren der Frage an sich zu einem weitaus besseren und eindeutigeren Ergebnis führt.

Zuerst musst du dir darüber klar werden, was du überhaupt wissen möchtest. In den meisten Fällen wird es sich wohl um Klarheit oder Führung in Bezug auf ein bestimmtes Problem handeln, dennoch ist es wichtig, dass du deine Frage auf die richtige Weise stellst. Es ist zum Beispiel gar keine gute Idee, entweder/oder-Fragen zu stellen, so wie „Soll ich nun Haus A oder Haus B kaufen?" oder „Soll ich mit Max oder mit Moritz ausgehen?" Wenn du solche Fragen stellst, wirst du zwar schon eine Antwort bekommen, aber es ist recht unwahrscheinlich, dass sie eindeutig ausfällt. Eine viel bessere Art des Fragens ist „Worin liegen die Vorteile, wenn ich in Haus A einziehe?" Wenn du die Antwort in Händen hältst, stelle dieselbe Frage für Haus B; dann kannst du die beiden Antworten vergleichen. Dasselbe gilt für die Wahl deines Partners: „Hat Max mich wirklich gern?" Diese Fragestellung ist weitaus besser, denn damit bekommst du viel deutlicher heraus, was du wirklich wissen musst. Bedenke, dass der Zweck eines Orakels ist, Rat und Unterstützung zu geben, nicht Antworten auf entweder/oder-Fragen.

## Gespräch mit dem Grünen Mann

Der zweite Aspekt unserer Vorbereitungen ist die Anrufung jener Kraft, an die du dich nun wenden willst - in unserem Falle die Energie des jeweiligen Baumes und seines Wächters, des Grünen Mannes. Allein der Akt, eine Frage zu formulieren und eine Karte zu ziehen, ist für sich genommen schon ein Akt der Anrufung. Doch eine direkte Anrufung des Geistes der Natur wird die Qualität des Orakels verbessern und vertiefen.

Die einfachste Möglichkeit, mit der Kraft der Karten in Berührung zu kommen, ist dich hinzusetzen mit dem Stapel Karten oder den Karten in der Hand, die du bereits gezogen hast, die Augen zu schließen und dich auf die Energien einzustimmen, die sich hinter den Bildern und Worten verbergen. Das solltest du immer tun, bevor du eine Sitzung abhältst, und immer so lange, wie es für dich richtig ist. Je tiefer deine Ver-

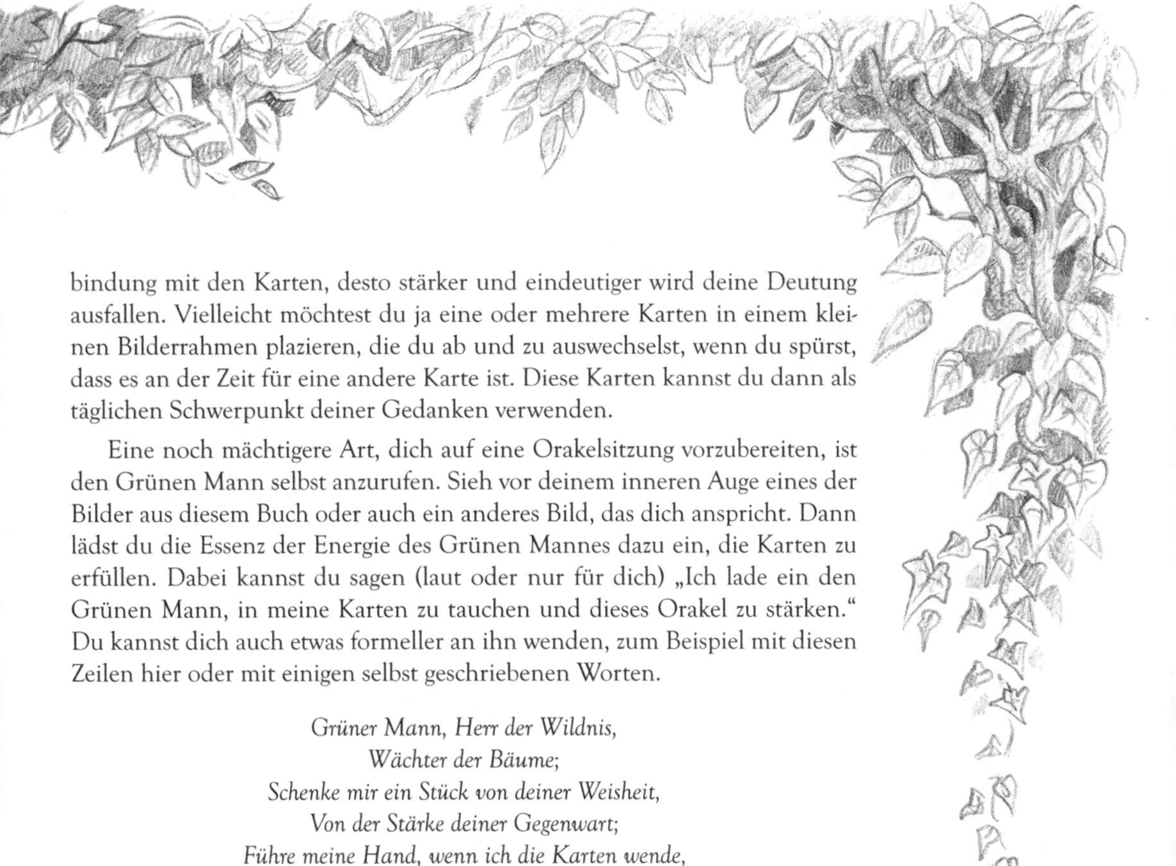

bindung mit den Karten, desto stärker und eindeutiger wird deine Deutung ausfallen. Vielleicht möchtest du ja eine oder mehrere Karten in einem kleinen Bilderrahmen plazieren, die du ab und zu auswechselst, wenn du spürst, dass es an der Zeit für eine andere Karte ist. Diese Karten kannst du dann als täglichen Schwerpunkt deiner Gedanken verwenden.

Eine noch mächtigere Art, dich auf eine Orakelsitzung vorzubereiten, ist den Grünen Mann selbst anzurufen. Sieh vor deinem inneren Auge eines der Bilder aus diesem Buch oder auch ein anderes Bild, das dich anspricht. Dann lädst du die Essenz der Energie des Grünen Mannes dazu ein, die Karten zu erfüllen. Dabei kannst du sagen (laut oder nur für dich) „Ich lade ein den Grünen Mann, in meine Karten zu tauchen und dieses Orakel zu stärken." Du kannst dich auch etwas formeller an ihn wenden, zum Beispiel mit diesen Zeilen hier oder mit einigen selbst geschriebenen Worten.

*Grüner Mann, Herr der Wildnis,*
*Wächter der Bäume;*
*Schenke mir ein Stück von deiner Weisheit,*
*Von der Stärke deiner Gegenwart;*
*Führe meine Hand, wenn ich die Karten wende,*
*Hier in diesem heiligen Orakel.*

Während du die Worte sprichst, versuche, die Gegenwart des Grünen Mannes um dich herum zu spüren, wie er dein Herz und deinen Geist erfüllt mit seinem herrlichen Grün und der Kraft all dessen, was grün und wachsend ist. Wenn du das getan hast, beginne deine Orakelsitzung. Die folgenden vier Legesysteme lassen sich auf alle möglichen verschiedenen Situationen anwenden (immer den Umständen entsprechend), angefangen bei den einfachsten und direktesten Fragen bis hin zu komplizierteren Mustern von Ereignissen und Wissen.

## Die Weisheit des Grünen Mannes

### Eine Karte

Das Wissen um das Verbundensein mit allem Grünen und Wachsenden und das dem zugrunde liegenden Prinzip des Lebens an sich macht den Grünen Mann zu einem wertvollen Verbündeten für unsere Lebensweise und die Schwierigkeiten, mit denen wir uns konfrontiert sehen. Seine Gegenwart ist

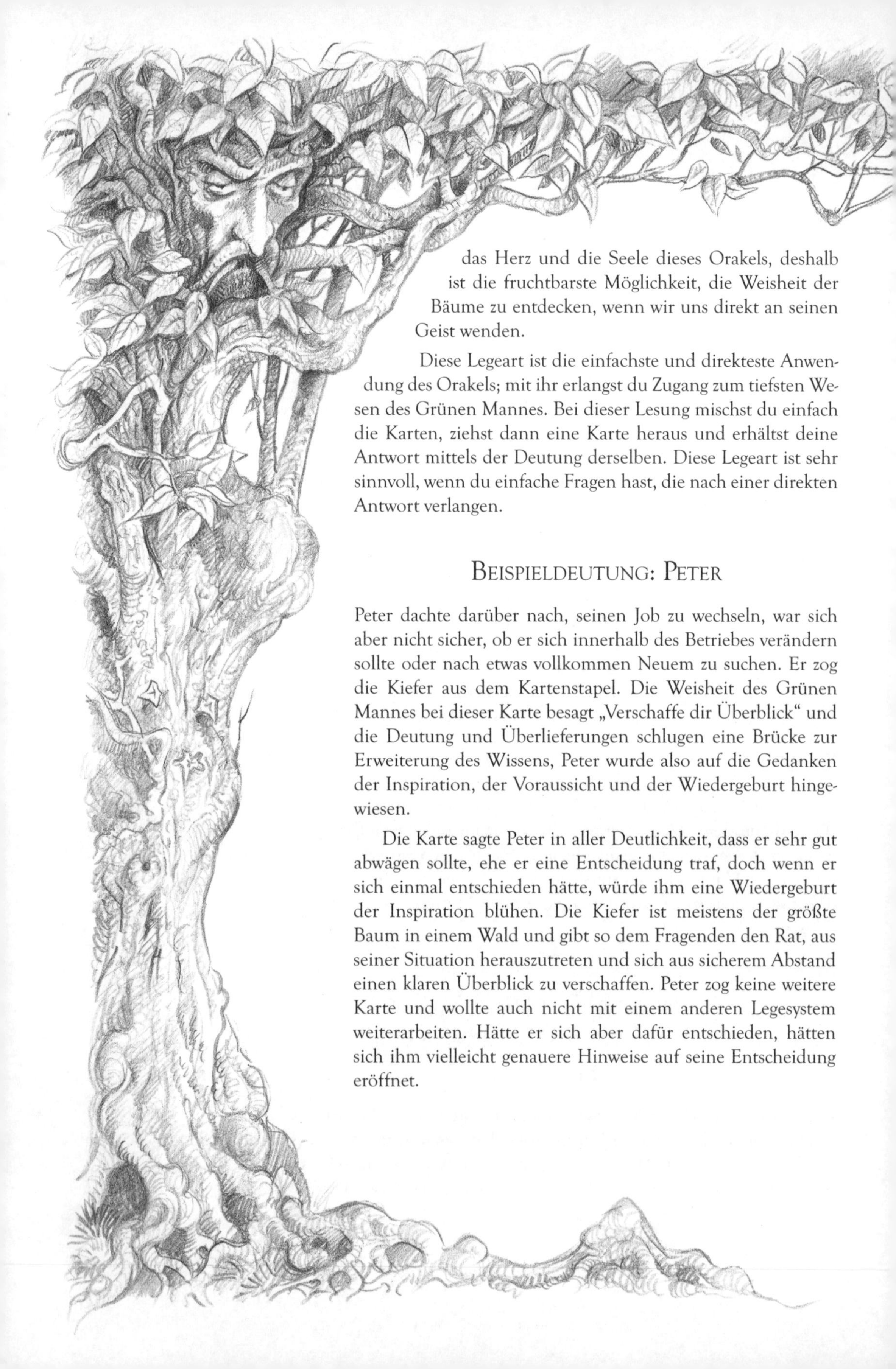

das Herz und die Seele dieses Orakels, deshalb ist die fruchtbarste Möglichkeit, die Weisheit der Bäume zu entdecken, wenn wir uns direkt an seinen Geist wenden.

Diese Legeart ist die einfachste und direkteste Anwendung des Orakels; mit ihr erlangst du Zugang zum tiefsten Wesen des Grünen Mannes. Bei dieser Lesung mischst du einfach die Karten, ziehst dann eine Karte heraus und erhältst deine Antwort mittels der Deutung derselben. Diese Legeart ist sehr sinnvoll, wenn du einfache Fragen hast, die nach einer direkten Antwort verlangen.

## Beispieldeutung: Peter

Peter dachte darüber nach, seinen Job zu wechseln, war sich aber nicht sicher, ob er sich innerhalb des Betriebes verändern sollte oder nach etwas vollkommen Neuem zu suchen. Er zog die Kiefer aus dem Kartenstapel. Die Weisheit des Grünen Mannes bei dieser Karte besagt „Verschaffe dir Überblick“ und die Deutung und Überlieferungen schlugen eine Brücke zur Erweiterung des Wissens, Peter wurde also auf die Gedanken der Inspiration, der Voraussicht und der Wiedergeburt hingewiesen.

Die Karte sagte Peter in aller Deutlichkeit, dass er sehr gut abwägen sollte, ehe er eine Entscheidung traf, doch wenn er sich einmal entschieden hätte, würde ihm eine Wiedergeburt der Inspiration blühen. Die Kiefer ist meistens der größte Baum in einem Wald und gibt so dem Fragenden den Rat, aus seiner Situation herauszutreten und sich aus sicherem Abstand einen klaren Überblick zu verschaffen. Peter zog keine weitere Karte und wollte auch nicht mit einem anderen Legesystem weiterarbeiten. Hätte er sich aber dafür entschieden, hätten sich ihm vielleicht genauere Hinweise auf seine Entscheidung eröffnet.

# Die drei Welten

## Drei Karten

Die meisten Kulturen dieser Welt gehen von einer Dreiteilung des Kosmos aus. Es gibt zwar jeweils unterschiedliche Bezeichnungen dafür, doch die gebräuchlichsten (die auch gleichzeitig ihre Bedeutung benennen) sind die Obere Welt, die Mittlere Welt und die Unterwelt. Die Obere Welt beinhaltet den Himmel und alles, was darüber hinausgeht - also auch das Firmament und die Sterne -, und spiegelt das Wissen wider in seiner reinsten Form. Die Mittlere Welt ist der Ort, an dem wir leben, uns bewegen und sind (und zwar in einem tieferen, subtileren Zusammenhang, in den auch die Welten hinter der sichtbaren Welt eingeschlossen sind). Die Unterwelt ist das Reich der Ahnen, wo die uralte Weisheit und das Wissen gehütet werden, das Reich der Toten und der Elfen und Feen.

## Die drei Welten in den Bäumen

Die Bäume selbst sind eine Darstellung der drei Welten: ihre Äste reckten sich dem Himmel entgegen - manchmal schienen sie ihn geradezu zu berühren, so groß waren sie - und lassen sich eindeutig der Oberen Welt zuordnen. Im Geäst hielten sich nicht nur Vögel auf (die Boten der Götter), sondern auch Engel, die den Weg wiesen zu einem spirituelleren Bewusstsein und einer Verbindung mit der Weisheit der Sterne. Unter den Wurzeln des Baumes ruhten die Großen Toten, die Ahnen, deren Weisheit dort zu finden war und Rat geben und Richtungen weisen konnten - die kollektive Stimme der Unterwelt. Zwischen diesen beiden Welten, in der schönen und wundersamen Mittleren Welt, war der große Stamm des Baumes ein Hüter des Schutzes, des weltlichen Wissens und ein Sinnbild für die Beharrlichkeit der Menschheit.

Das Legesystem der drei Welten spiegelt diese kosmische Ordnung wider und ebnet uns den Weg zu drei sehr mächtigen Aspekten der Baumweisheit: im Geäst (der Oberen Welt) finden wir das reine Wissen und klare Sicht; im Stamm (der Mittleren Welt) liegt ein tieferes Bewusstsein für den physischen Raum, der uns umgibt und durch den wir uns bewegen; und in den Wurzeln (der Unterwelt) ruht ein uralter Hort der Ahnenweisheit. Wenn wir drei Karten ziehen und sie in dem dargestellten Muster auslegen, eröffnet sich uns eine große Menge an Informationen. Alles in allem ermöglichen uns die Karten auf diese Weise ein tieferes Verständnis für den Umgang mit unseren Problemen.

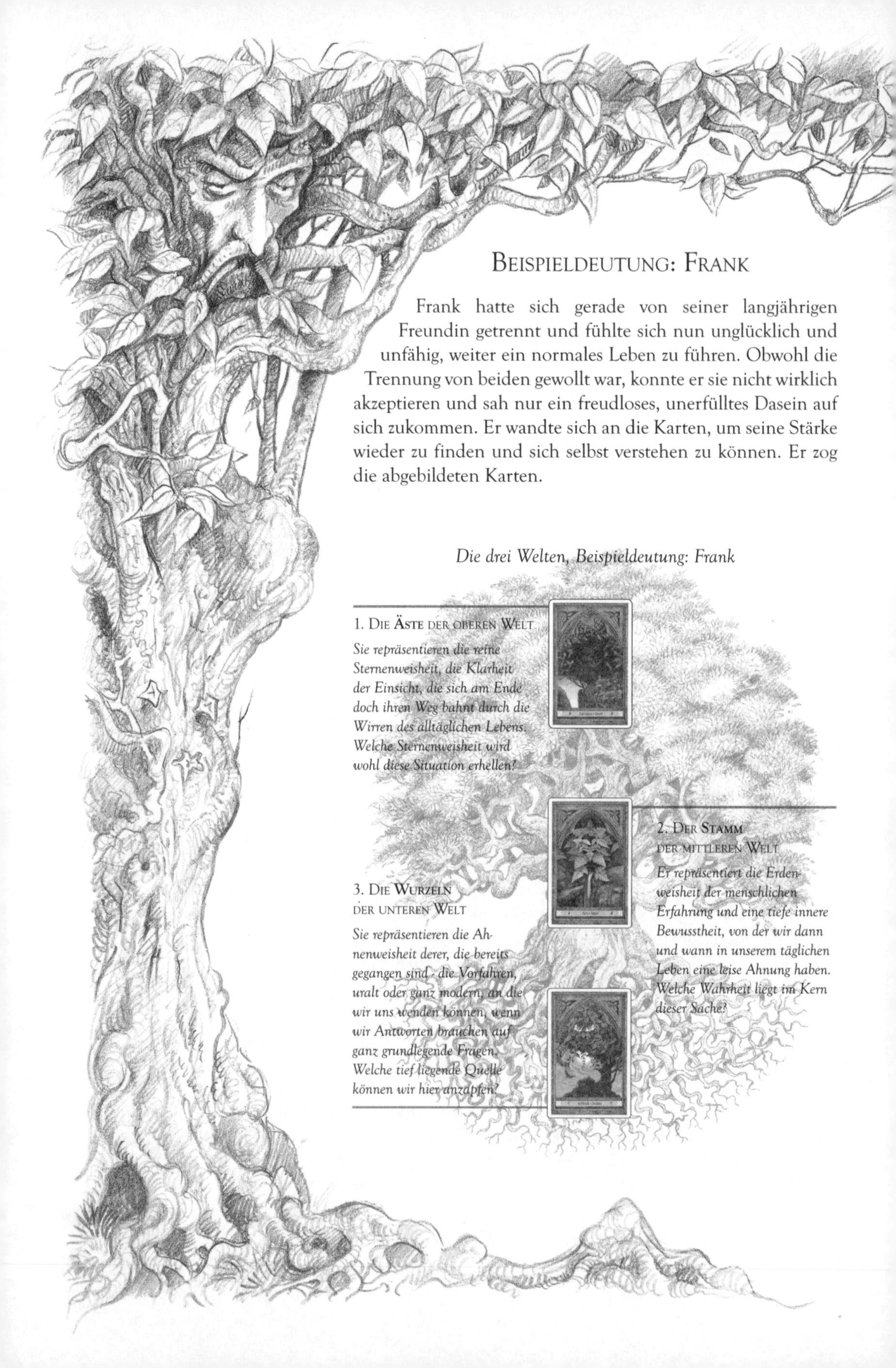

## Beispieldeutung: Frank

Frank hatte sich gerade von seiner langjährigen Freundin getrennt und fühlte sich nun unglücklich und unfähig, weiter ein normales Leben zu führen. Obwohl die Trennung von beiden gewollt war, konnte er sie nicht wirklich akzeptieren und sah nur ein freudloses, unerfülltes Dasein auf sich zukommen. Er wandte sich an die Karten, um seine Stärke wieder zu finden und sich selbst verstehen zu können. Er zog die abgebildeten Karten.

*Die drei Welten, Beispieldeutung: Frank*

1. Die Äste der oberen Welt

*Sie repräsentieren die reine Sternenweisheit, die Klarheit der Einsicht, die sich am Ende doch ihren Weg bahnt durch die Wirren des alltäglichen Lebens. Welche Sternenweisheit wird wohl diese Situation erhellen?*

2. Der Stamm der mittleren Welt

*Er repräsentiert die Erdenweisheit der menschlichen Erfahrung und eine tiefe innere Bewusstheit, von der wir dann und wann in unserem täglichen Leben eine leise Ahnung haben. Welche Wahrheit liegt im Kern dieser Sache?*

3. Die Wurzeln der unteren Welt

*Sie repräsentieren die Ahnenweisheit derer, die bereits gegangen sind - die Vorfahren, uralt oder ganz modern, an die wir uns wenden können, wenn wir Antworten brauchen auf ganz grundlegende Fragen. Welche tief liegende Quelle können wir hier anzapfen?*

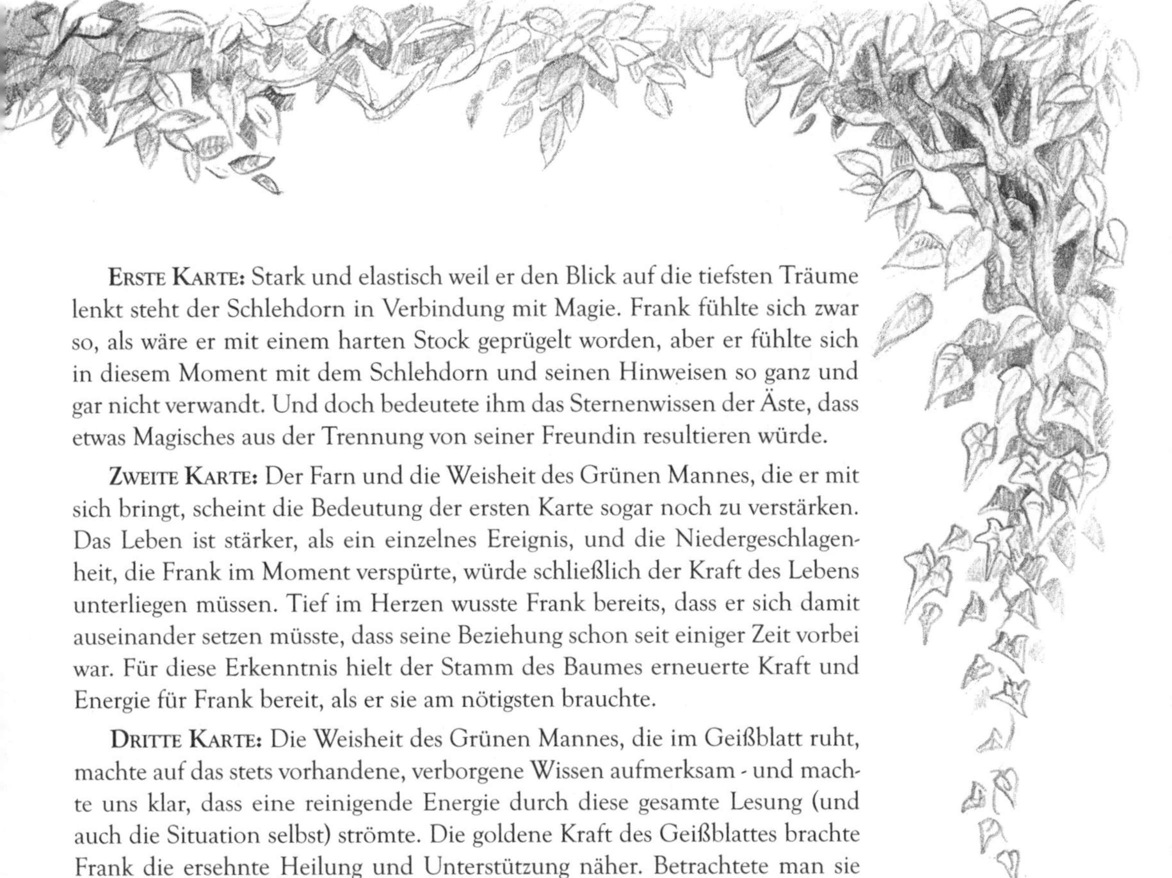

**Erste Karte:** Stark und elastisch weil er den Blick auf die tiefsten Träume lenkt steht der Schlehdorn in Verbindung mit Magie. Frank fühlte sich zwar so, als wäre er mit einem harten Stock geprügelt worden, aber er fühlte sich in diesem Moment mit dem Schlehdorn und seinen Hinweisen so ganz und gar nicht verwandt. Und doch bedeutete ihm das Sternenwissen der Äste, dass etwas Magisches aus der Trennung von seiner Freundin resultieren würde.

**Zweite Karte:** Der Farn und die Weisheit des Grünen Mannes, die er mit sich bringt, scheint die Bedeutung der ersten Karte sogar noch zu verstärken. Das Leben ist stärker, als ein einzelnes Ereignis, und die Niedergeschlagenheit, die Frank im Moment verspürte, würde schließlich der Kraft des Lebens unterliegen müssen. Tief im Herzen wusste Frank bereits, dass er sich damit auseinander setzen müsste, dass seine Beziehung schon seit einiger Zeit vorbei war. Für diese Erkenntnis hielt der Stamm des Baumes erneuerte Kraft und Energie für Frank bereit, als er sie am nötigsten brauchte.

**Dritte Karte:** Die Weisheit des Grünen Mannes, die im Geißblatt ruht, machte auf das stets vorhandene, verborgene Wissen aufmerksam - und machte uns klar, dass eine reinigende Energie durch diese gesamte Lesung (und auch die Situation selbst) strömte. Die goldene Kraft des Geißblattes brachte Frank die ersehnte Heilung und Unterstützung näher. Betrachtete man sie zusammen mit den beiden anderen Karten, so war die Deutung des Orakels nun eindeutig.

**Schluss:** Schlehdorn und Geißblatt verkünden eine starke Botschaft sowohl aus der Oberen wie auch aus der Unterwelt: etwas Zauberhaftes erwartet Frank, vielleicht eine Verbindung, die mehr zu seiner spirituellen Natur passt. Die Karte der Mittleren Welt war für ihn am schwersten zu akzeptieren; eine Zeit des Verlustschmerzes war notwendig, um sich der Zeit mit seiner Liebsten zu erinnern und sie in Ehren zu halten, und erst dann, wenn dieses schmerzliche Gefühl zu heilen beginnen würde, könnte sich schließlich etwas Neues, Erfüllenderes entwickeln. Die Wahrheit bringt die Heilung, sie reinigt Frank und verleiht ihm die Kraft, nach vorn zu schauen. Nachdem er aus dieser Erfahrung gelernt hatte, konnte er sein neues Leben beginnen.

## Beispieldeutung: Sabine

Sabine stand ein Aufenthalt im Krankenhaus bevor, wo ein kleiner chirurgischer Eingriff vorgenommen werden sollte (was sie vorher noch nie erlebt hatte, und so suchte sie die Weisheit des Grünen Mannes. Sie zog die folgenden drei Karten:

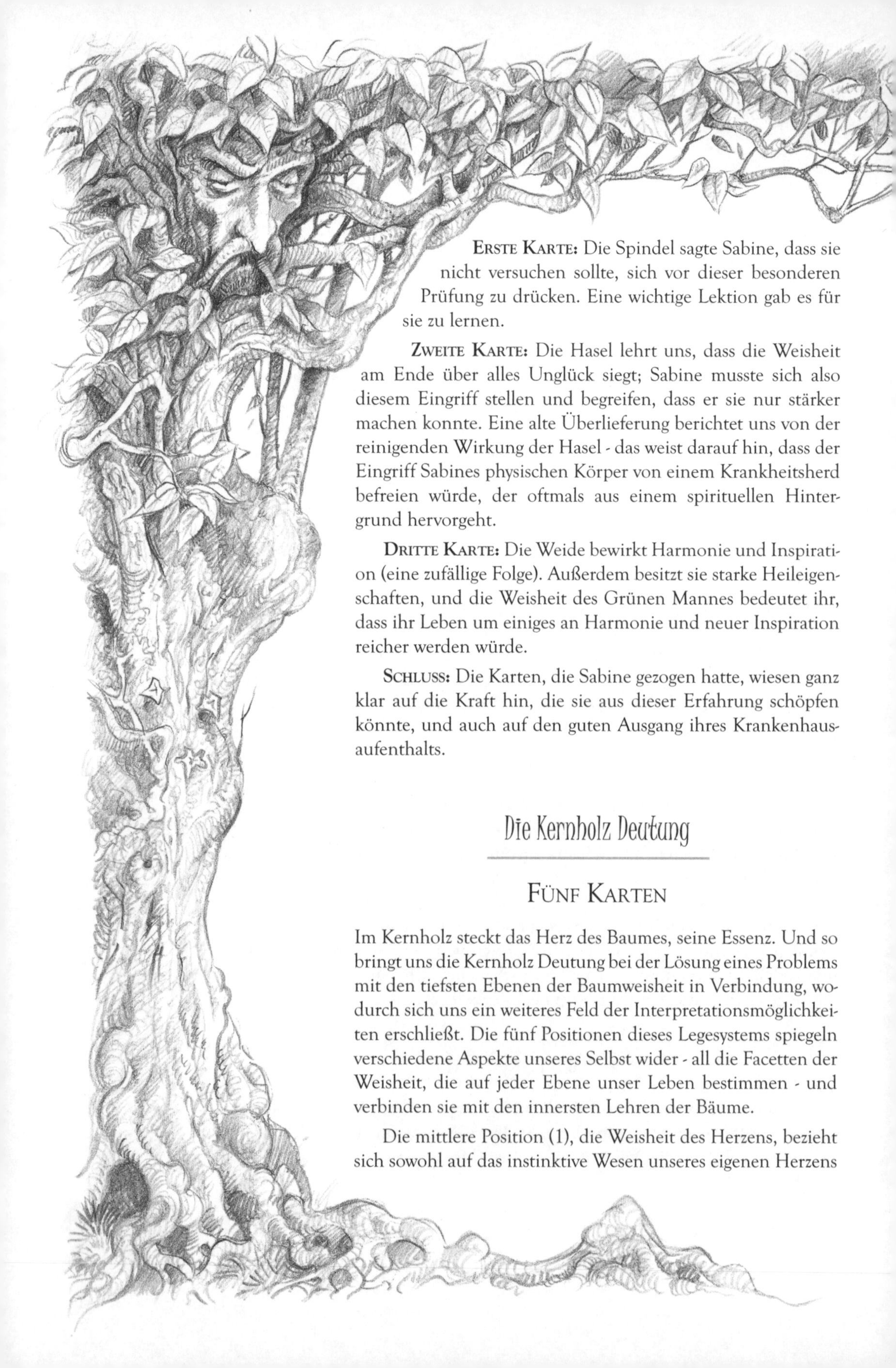

**Erste Karte:** Die Spindel sagte Sabine, dass sie nicht versuchen sollte, sich vor dieser besonderen Prüfung zu drücken. Eine wichtige Lektion gab es für sie zu lernen.

**Zweite Karte:** Die Hasel lehrt uns, dass die Weisheit am Ende über alles Unglück siegt; Sabine musste sich also diesem Eingriff stellen und begreifen, dass er sie nur stärker machen konnte. Eine alte Überlieferung berichtet uns von der reinigenden Wirkung der Hasel - das weist darauf hin, dass der Eingriff Sabines physischen Körper von einem Krankheitsherd befreien würde, der oftmals aus einem spirituellen Hintergrund hervorgeht.

**Dritte Karte:** Die Weide bewirkt Harmonie und Inspiration (eine zufällige Folge). Außerdem besitzt sie starke Heileigenschaften, und die Weisheit des Grünen Mannes bedeutet ihr, dass ihr Leben um einiges an Harmonie und neuer Inspiration reicher werden würde.

**Schluss:** Die Karten, die Sabine gezogen hatte, wiesen ganz klar auf die Kraft hin, die sie aus dieser Erfahrung schöpfen könnte, und auch auf den guten Ausgang ihres Krankenhausaufenthalts.

## Die Kernholz Deutung

### Fünf Karten

Im Kernholz steckt das Herz des Baumes, seine Essenz. Und so bringt uns die Kernholz Deutung bei der Lösung eines Problems mit den tiefsten Ebenen der Baumweisheit in Verbindung, wodurch sich uns ein weiteres Feld der Interpretationsmöglichkeiten erschließt. Die fünf Positionen dieses Legesystems spiegeln verschiedene Aspekte unseres Selbst wider - all die Facetten der Weisheit, die auf jeder Ebene unser Leben bestimmen - und verbinden sie mit den innersten Lehren der Bäume.

Die mittlere Position (1), die Weisheit des Herzens, bezieht sich sowohl auf das instinktive Wesen unseres eigenen Herzens als auch auf die elementare Weisheit des Grünen Mannes selbst. Sie ist der Schlüssel für diese Deutung, ausgeglichen und verstärkt durch die anderen Karten. Die vier übrigen Positionen beziehen sich auf die Weisheit der Gefühle, die Weisheit des Geistes, die Weisheit der Sinne und die Weisheit der Intuition. Jede von ihnen nimmt für sich genommen noch einmal Bezug auf einen Aspekt unseres intuitiven Selbst und verbindet ihn mit dem Wissen, das von den Bäumen gehütet wird.

Die Weisheit der Gefühle (2) ist die Quelle jener Emotionen, die uns berauschen, wenn etwas uns tief bewegt - sei es etwas Abstraktes wie ein Gemälde oder ein Musikstück oder auch etwas, das mit unserer Persönlichkeit zusammenhängt, wie der Verlust einer Arbeit, eines Freundes oder eines Partners. Doch auch solche Gefühle können uns etwas lehren - nur allzu oft sind sie der Schlüssel zu einer instinktiven Reaktion, die uns davor warnt, ohne konkreten Anlass voreilig zu handeln. Manchmal glaubst du, du wärst verliebt (oder dass du jemanden nicht mehr liebst), dann werden deine Gefühle alles, was damit zusammenhängt, überschatten. Solche reinen Gefühle sollten wir jedoch auf unsere eigene Gefahr hin akzeptieren, anstatt zu versuchen, uns der Sache mit Logik zu nähern.

Dafür gibt es die Weisheit des Geistes (3), das nachdenkliche, organisierende Prinzip, das für uns die einzelnen Fäden zusammenführt, das Für und Wider abwägt und alles solange bedenkt, bis es zu einer wohl begründeten Lösung gelangt ist. Diese kann allerdings sehr kalt und berechnend ausfallen, weshalb wir auch unsere emotionale Weisheit nicht unberücksichtigt lassen dürfen.

Doch manchmal ist auch das nicht die richtige Herangehensweise, manchmal reicht das einfach nicht aus, uns bei einer Entscheidung zu helfen. Dann müssen wir uns an die Weisheit der Sinne wenden (4) - den Geschmack, den Tastsinn, das Sehen, Hören, Riechen - sie helfen uns, tiefer in die Sache einzutauchen. Natürlich reagiert nicht jedes Problem auf Riechen, Hören oder Berührung, aber wenn wir die Sinne hierbei darauf verwenden, zu einer tieferen Wahrnehmung zu gelangen, dann können wir unseren Weg ins Herz des Problems erfühlen, dessen Tiefen ausloten und seine Umrisse viel deutlicher erkennen, als es unsere unsteten Gefühle je erlauben würden. Wenn wir alle unsere Sinne nacheinander benutzen, können wir uns dem Verständnis des Problems weitaus eingehender zuwenden.

Schließlich brauchen wir noch die Weisheit der Intuition (5), den sechsten Sinn, der es uns ermöglicht, allein von den bloßen Fakten ausgehend auf Anhieb die wahre Bedeutung hinter unserer Fragestellung zu entschlüsseln. Dieses Verständnis bringt dann alles, was wir bisher aus der Deutung erfahren haben, in einen sinnvollen Zusammenhang.

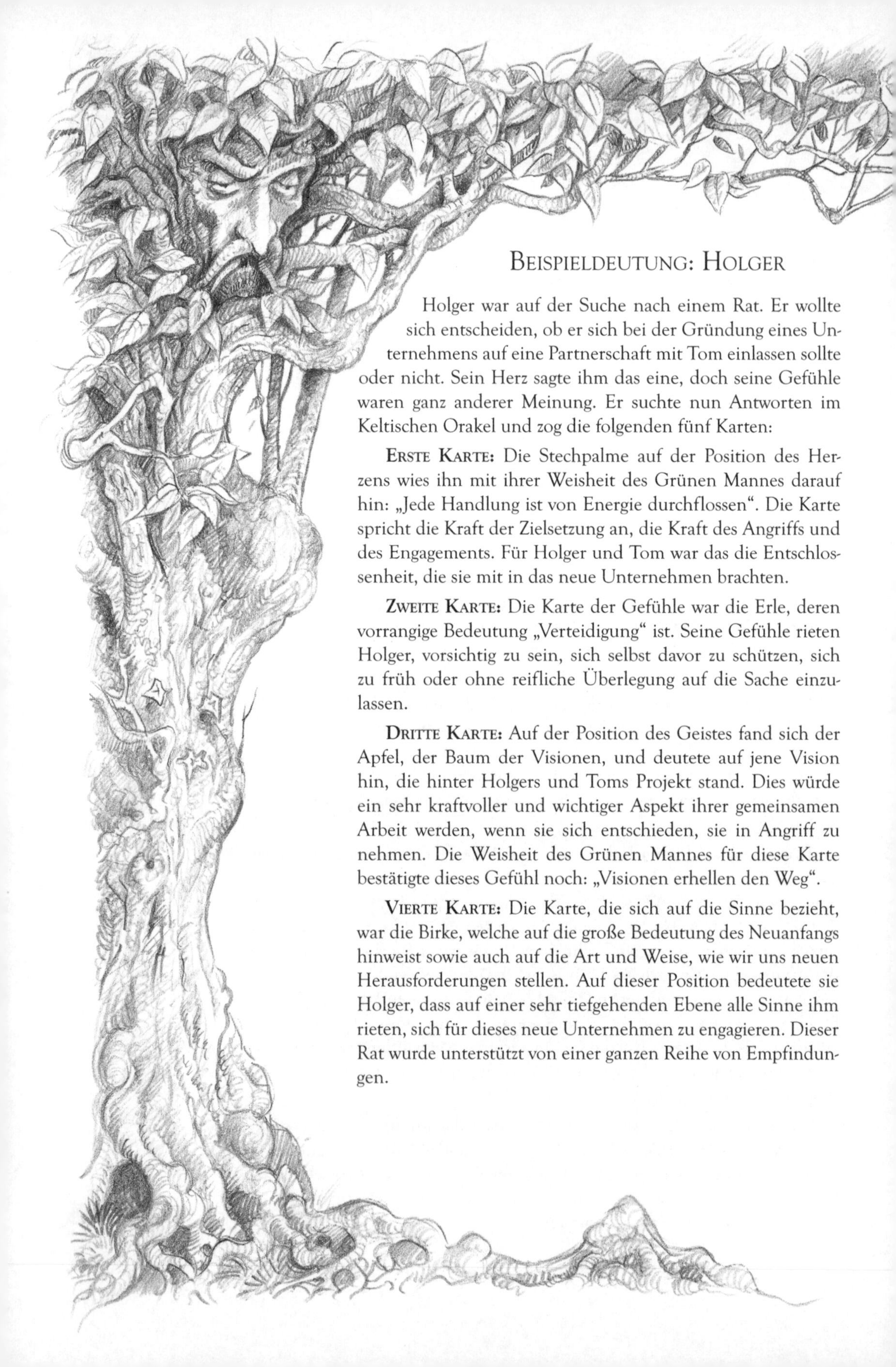

## Beispieldeutung: Holger

Holger war auf der Suche nach einem Rat. Er wollte sich entscheiden, ob er sich bei der Gründung eines Unternehmens auf eine Partnerschaft mit Tom einlassen sollte oder nicht. Sein Herz sagte ihm das eine, doch seine Gefühle waren ganz anderer Meinung. Er suchte nun Antworten im Keltischen Orakel und zog die folgenden fünf Karten:

**Erste Karte:** Die Stechpalme auf der Position des Herzens wies ihn mit ihrer Weisheit des Grünen Mannes darauf hin: „Jede Handlung ist von Energie durchflossen". Die Karte spricht die Kraft der Zielsetzung an, die Kraft des Angriffs und des Engagements. Für Holger und Tom war das die Entschlossenheit, die sie mit in das neue Unternehmen brachten.

**Zweite Karte:** Die Karte der Gefühle war die Erle, deren vorrangige Bedeutung „Verteidigung" ist. Seine Gefühle rieten Holger, vorsichtig zu sein, sich selbst davor zu schützen, sich zu früh oder ohne reifliche Überlegung auf die Sache einzulassen.

**Dritte Karte:** Auf der Position des Geistes fand sich der Apfel, der Baum der Visionen, und deutete auf jene Vision hin, die hinter Holgers und Toms Projekt stand. Dies würde ein sehr kraftvoller und wichtiger Aspekt ihrer gemeinsamen Arbeit werden, wenn sie sich entschieden, sie in Angriff zu nehmen. Die Weisheit des Grünen Mannes für diese Karte bestätigte dieses Gefühl noch: „Visionen erhellen den Weg".

**Vierte Karte:** Die Karte, die sich auf die Sinne bezieht, war die Birke, welche auf die große Bedeutung des Neuanfangs hinweist sowie auch auf die Art und Weise, wie wir uns neuen Herausforderungen stellen. Auf dieser Position bedeutete sie Holger, dass auf einer sehr tiefgehenden Ebene alle Sinne ihm rieten, sich für dieses neue Unternehmen zu engagieren. Dieser Rat wurde unterstützt von einer ganzen Reihe von Empfindungen.

**Fünfte Karte:** Die Karte der Intuition war schließlich die Stachelbeere, ein Baum, der vor allem sehr stark mit dem Ahnenwissen in Verbindung steht. Das Fundament von Holgers Fragestellung wurde untermauert mit Generationen umfassendem Grundwissen, welches der Situation ein weiteres Quantum an Bedeutung und Würde verlieh.

**Schluss:** Als Ganzes betrachtet traf das Orakel eine ganz klare Aussage: durch Entschlossenheit, Vision und sorgsames Abwägen aller Aspekte seiner Situation sollte der Ausgang der Sache für Holger ein positiver werden. Gestützt von Grundlagenwissen, das Holger helfen würde, jeden Aspekt dieses Angebotes klar zu überdenken und schließlich zu einem gut überlegten Entschluss zu kommen, riet ihm die gesamte Deutung, das Projekt in Angriff zu nehmen. Wie bei jedem anderen Orakel auch sollte das natürlich nicht bedeuten, dass er diesem Ratschlag nun unbeirrbar folgen musste. Vielmehr zeigte es ihm einige Richtlinien auf, die (wenn er sich daran halten würde) zu einem bestimmten Ziel führen würden. Holger entschied sich schließlich dafür, das Unternehmen zusammen mit Tom aufzubauen, und heute sind die beiden Partner, die ein sehr erfolgreiches Geschäft betreiben, das sie - wie es im Moment aussieht - auch in den nächsten Jahren noch mit Arbeit versorgen wird.

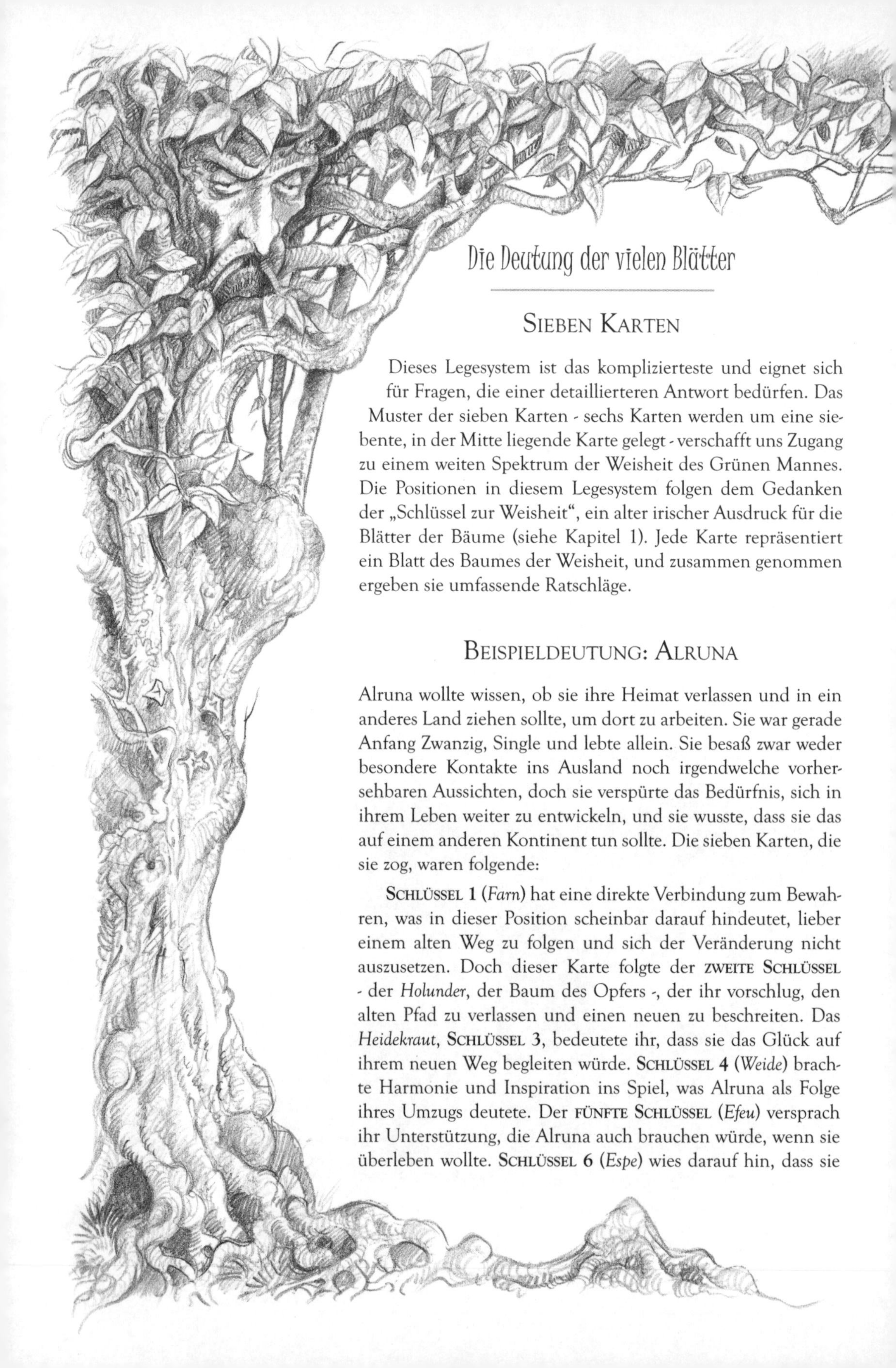

# Die Deutung der vielen Blätter

## Sieben Karten

Dieses Legesystem ist das komplizierteste und eignet sich für Fragen, die einer detaillierteren Antwort bedürfen. Das Muster der sieben Karten - sechs Karten werden um eine siebente, in der Mitte liegende Karte gelegt - verschafft uns Zugang zu einem weiten Spektrum der Weisheit des Grünen Mannes. Die Positionen in diesem Legesystem folgen dem Gedanken der „Schlüssel zur Weisheit“, ein alter irischer Ausdruck für die Blätter der Bäume (siehe Kapitel 1). Jede Karte repräsentiert ein Blatt des Baumes der Weisheit, und zusammen genommen ergeben sie umfassende Ratschläge.

## Beispieldeutung: Alruna

Alruna wollte wissen, ob sie ihre Heimat verlassen und in ein anderes Land ziehen sollte, um dort zu arbeiten. Sie war gerade Anfang Zwanzig, Single und lebte allein. Sie besaß zwar weder besondere Kontakte ins Ausland noch irgendwelche vorhersehbaren Aussichten, doch sie verspürte das Bedürfnis, sich in ihrem Leben weiter zu entwickeln, und sie wusste, dass sie das auf einem anderen Kontinent tun sollte. Die sieben Karten, die sie zog, waren folgende:

**Schlüssel 1** (*Farn*) hat eine direkte Verbindung zum Bewahren, was in dieser Position scheinbar darauf hindeutet, lieber einem alten Weg zu folgen und sich der Veränderung nicht auszusetzen. Doch dieser Karte folgte der **zweite Schlüssel** - der *Holunder*, der Baum des Opfers -, der ihr vorschlug, den alten Pfad zu verlassen und einen neuen zu beschreiten. Das *Heidekraut*, **Schlüssel 3**, bedeutete ihr, dass sie das Glück auf ihrem neuen Weg begleiten würde. **Schlüssel 4** (*Weide*) brachte Harmonie und Inspiration ins Spiel, was Alruna als Folge ihres Umzugs deutete. Der **fünfte Schlüssel** (*Efeu*) versprach ihr Unterstützung, die Alruna auch brauchen würde, wenn sie überleben wollte. **Schlüssel 6** (*Espe*) wies darauf hin, dass sie sich sammeln sollte, sowohl neue als auch alte Qualitäten in die Situation mit einfließen zu lassen. Auch der Gedanke, alte und neue Freunde zusammen zu bringen, steckte in der Botschaft des Efeus. Der SIEBTE SCHLÜSSEL (*Stechginster*) schließlich brachte alles mit ins Spiel, was man dem Wort „Fruchtbarkeit" zuschreiben kann. Im Kontext dieser Befragung bedeutete Alruna diese Karte, dass ihr Plan Früchte tragen würde.

SCHLUSS: Diese Sitzung brachte eine ausgesprochen positive Botschaft ein: nämlich dass Alruna Unterstützung und Inspirationen erfahren würde, wenn sie ihrem Herzenswunsch folgte. Wenn sie ihren alten, vertrauten Weg verließe, würde sie auf sehr fruchtbaren Boden stoßen. In diesem Zusammenhang weist Schlüssel 1 (mit dem Gedanken des Bewahrens) darauf hin, dass Alruna jegliche negative Erfahrung erspart bleiben würde, wenn sie in ein anderes Land ziehen würde. Nur wenige Tage nach dieser Orakelbefragung bekam Alruna einen Anruf von einer Firma in den USA, die sie einlud, dort zu arbeiten. Dieser Anruf und das Orakel halfen ihr sehr bei ihrer Entscheidung, und derzeit lebt sie zufrieden in einem anderen Land und folgt ihren Träumen.

## Weitere Schritte mit dem Orakel

Die Legesysteme und Beispieldeutungen stellen nur einige wenige Wege dar, wie man das Keltische Orakel nutzen kann. Wenn du mit den Karten arbeitest - und dich dabei mit der inneren Bedeutung der Bilder vertraut machst -, wirst du bald schon feststellen, dass du viele Dinge aus deinen eigenen Erfahrungen mit einfließen lässt. Und genau so haben Orakel seit Alters her funktioniert, sie wachsen wie die Bäume selbst, werden angereichert mit neuer Weisheit, die sie wie ein neues Blätterkleid einhüllt, und vertiefen unser Verständnis für die lebendige Welt um uns herum.

Auch dem Grünen Mann wirst du nun wahrscheinlich öfter begegnen, sie es, dass du sein Antlitz im Wald erblickst oder einfach nur seine Anwesenheit verspürst in all dem Grün, das uns umgibt - auch in den Städten. Je mehr Zeit du in der Gegenwart dieser mächtigen archetypischen Bilder verbringst, desto mehr wird dir vielleicht eine neue Richtung in deinem Leben bewusst. Eine Richtung, in der sich das zeitlose Wissen der Bäume widerspiegelt.

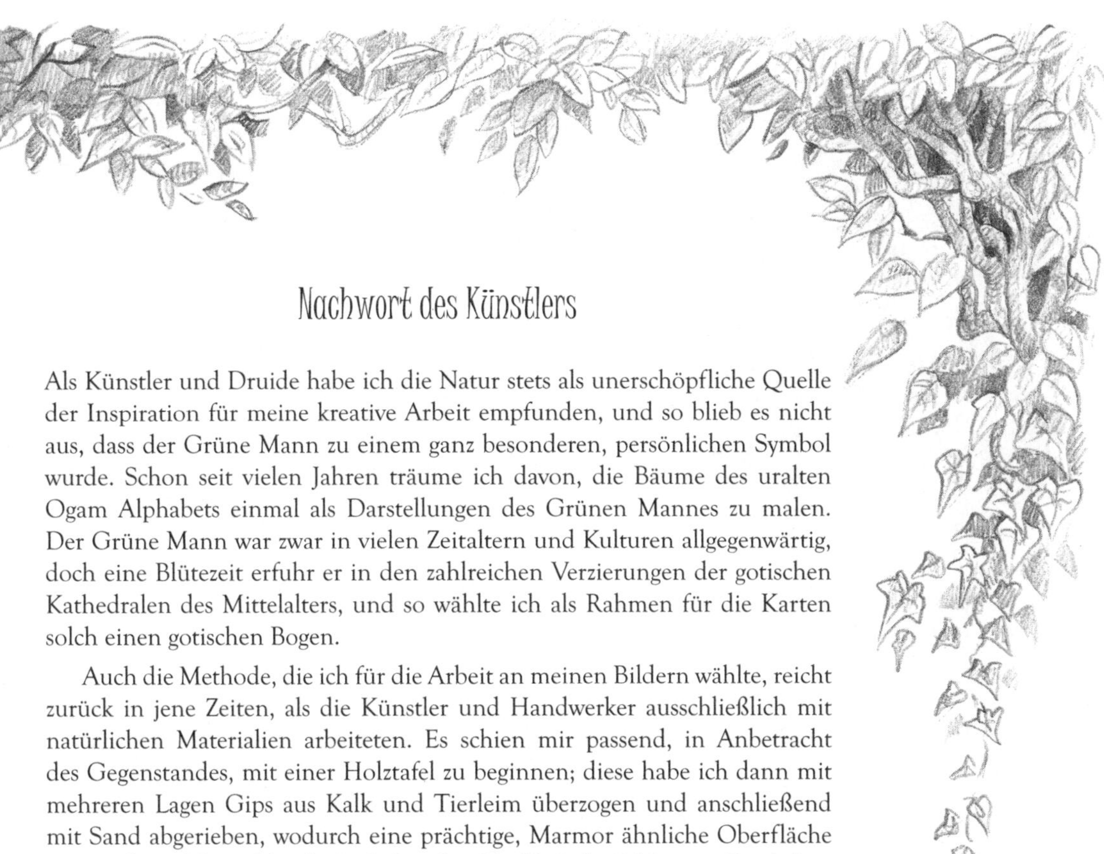

## Nachwort des Künstlers

Als Künstler und Druide habe ich die Natur stets als unerschöpfliche Quelle der Inspiration für meine kreative Arbeit empfunden, und so blieb es nicht aus, dass der Grüne Mann zu einem ganz besonderen, persönlichen Symbol wurde. Schon seit vielen Jahren träume ich davon, die Bäume des uralten Ogam Alphabets einmal als Darstellungen des Grünen Mannes zu malen. Der Grüne Mann war zwar in vielen Zeitaltern und Kulturen allgegenwärtig, doch eine Blütezeit erfuhr er in den zahlreichen Verzierungen der gotischen Kathedralen des Mittelalters, und so wählte ich als Rahmen für die Karten solch einen gotischen Bogen.

Auch die Methode, die ich für die Arbeit an meinen Bildern wählte, reicht zurück in jene Zeiten, als die Künstler und Handwerker ausschließlich mit natürlichen Materialien arbeiteten. Es schien mir passend, in Anbetracht des Gegenstandes, mit einer Holztafel zu beginnen; diese habe ich dann mit mehreren Lagen Gips aus Kalk und Tierleim überzogen und anschließend mit Sand abgerieben, wodurch eine prächtige, Marmor ähnliche Oberfläche entstand. Auf diese Oberfläche habe ich schließlich die Bilder mit Eierfarben gemalt: reine Pigmente gemischt mit einem Eidotter als Bindemittel; daraus ergibt sich eine Farbe, die sehr satt und samtig wirkt und rasch trocknet und einen aufwändigen, matten Schimmer aufweist. Es gibt keinen Ersatz für den direkten Kontakt mit den heilenden und nährenden Kräften der Natur, und für viele ist das ein Problem in dieser schnellen, modernen Welt. Ich wünsche mir, dass meine Bilder dir helfen können, dich mit der Natur zu verbinden - so wie sie mich darin unterstützt haben, als ich sie malte - mit dem kraftvollen und rätselhaften Geist all dessen, was grün ist: dem Grünen Mann.

*Will Worthington, April 2003*


## Danksagung des Autors

Ich danke Caitlín für ihre Ermutigungen, ihre Geduld und ihre unerschöpfliche Hilfe; ich danke allen bei Eddison Sadd, dass sie mir diese Aufgabe anvertraut haben; und ich danke Will für seine erstaunlichen und kraftvollen Bilder.


**Informationen zu Seminaren von John Matthews gibt es unter www.hallowquest.org.uk**

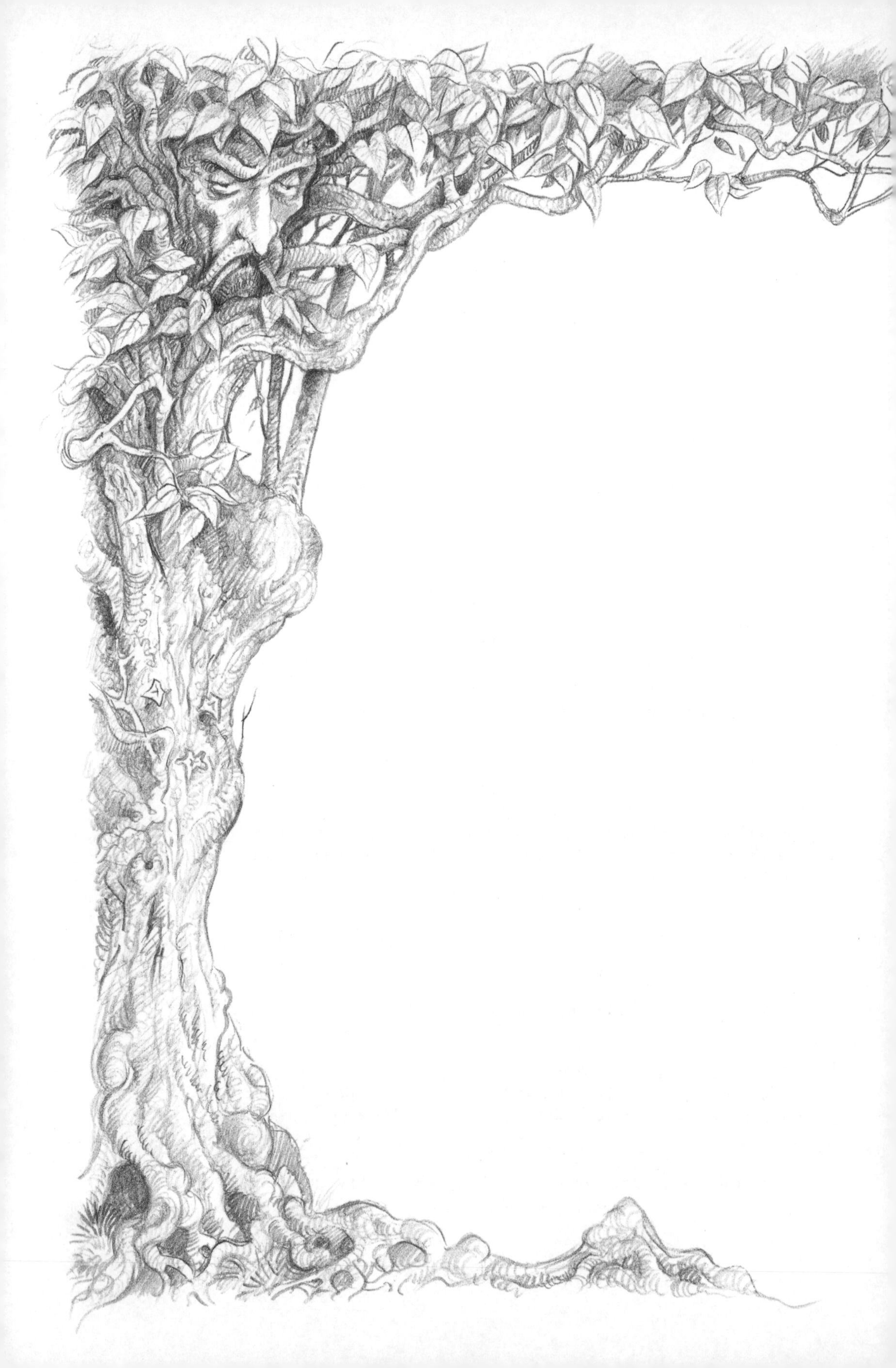

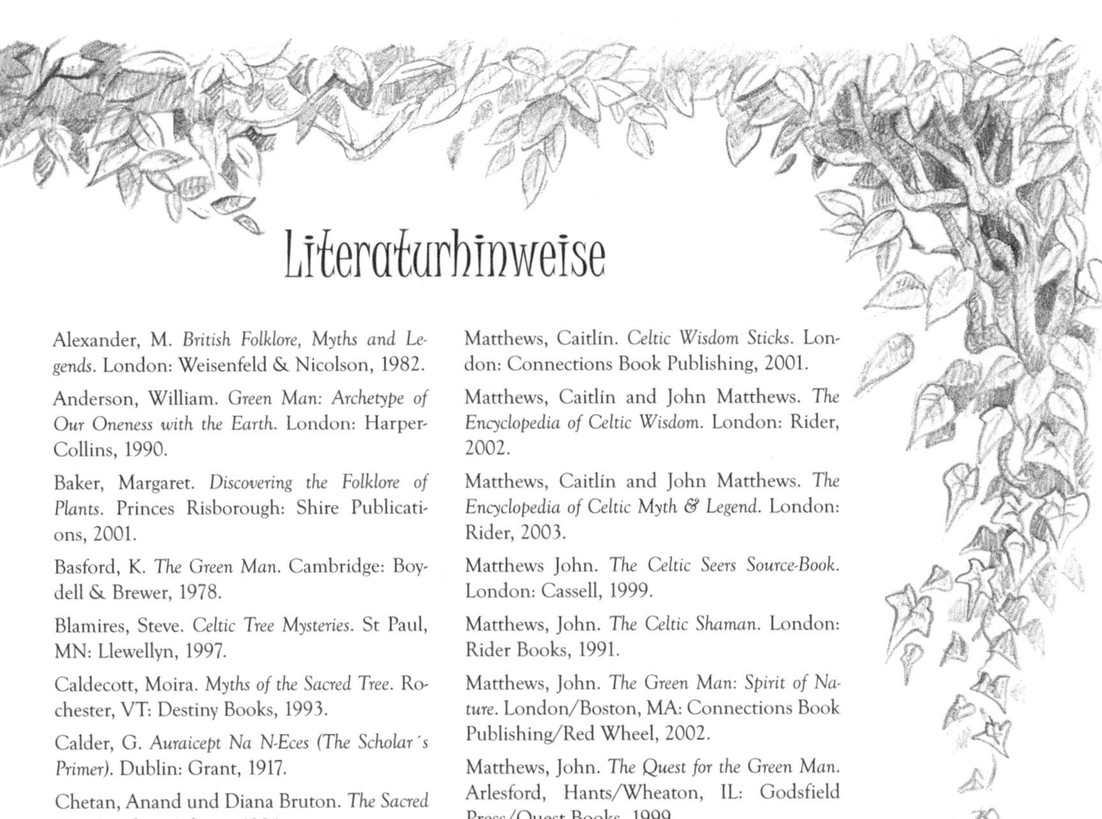

# Literaturhinweise


Alexander, M. *British Folklore, Myths and Legends*. London: Weisenfeld & Nicolson, 1982.

Anderson, William. *Green Man: Archetype of Our Oneness with the Earth*. London: HarperCollins, 1990.

Baker, Margaret. *Discovering the Folklore of Plants*. Princes Risborough: Shire Publications, 2001.

Basford, K. *The Green Man*. Cambridge: Boydell & Brewer, 1978.

Blamires, Steve. *Celtic Tree Mysteries*. St Paul, MN: Llewellyn, 1997.

Caldecott, Moira. *Myths of the Sacred Tree*. Rochester, VT: Destiny Books, 1993.

Calder, G. *Auraicept Na N-Eces (The Scholar´s Primer)*. Dublin: Grant, 1917.

Chetan, Anand und Diana Bruton. *The Sacred Yew*. London: Arkana, 1994.

Gifford, Jane. *The Celtic Wisdom of Trees*. Arlesford, Hants: Godsfield Press, 2000.

Graves, Robert. *The Greek Myths*. London: Folio Society, 1999.

Graves, Robert. *The White Goddess*. London: Faber & Faber, 1951.

Grigson, Geoffrey. *The Englishmen´s Flora*. London: Phoenix House, 1960.

Hageneder, Fred. *The Heritage of Trees: History, Culture and Symbolism*. Edinburgh: Floris Books, 2001.

Hageneder, Fred. *The Spirit of Trees*. Edinburgh: Floris Books, 1999.

Heath, Francis George. *Tree Lore*. Dublin: Charles H. Kelly, 1912.

Hicks, Clive. *The Green Man: A Field Guide*. Helhoughton, Fakenham: Compass Books, 2000.

Hutton, Ronald. *The Stations of the Sun: A History of the Ritual Year in Britain*. Oxford: Oxford University Press, 2001.

James, E. O. *Seasonal Feasts and Festivals*. London: Thames & Hudson, 1952.

Judge, R. *The Jack in the Green*. Woodbridge, Suffolk: Boydell & Brewer/Roman & Littlefield, 1979.

Matthews, Caitlín. *Celtic Wisdom Sticks*. London: Connections Book Publishing, 2001.

Matthews, Caitlín and John Matthews. *The Encyclopedia of Celtic Wisdom*. London: Rider, 2002.

Matthews, Caitlín and John Matthews. *The Encyclopedia of Celtic Myth & Legend*. London: Rider, 2003.

Matthews John. *The Celtic Seers Source-Book*. London: Cassell, 1999.

Matthews, John. *The Celtic Shaman*. London: Rider Books, 1991.

Matthews, John. *The Green Man: Spirit of Nature*. London/Boston, MA: Connections Book Publishing/Red Wheel, 2002.

Matthews, John. *The Quest for the Green Man*. Arlesford, Hants/Wheaton, IL: Godsfield Press/Quest Books, 1999.

Matthews, John. *Sir Gawain, Knight of the Goddess*. Rochester, VT: Inner Traditions, 2003.

Matthews, John. *Taliesin: The last Celtic Shaman*. Rochester, VT: Inner Traditions, 2002.

Miles, Archie. Silva: *The Tree in Britain*. London: Ebury Press, 1999.

Milner, J. Edward. *The Tree Book*. London: Collins & Brown, 1992.

Murray, Liz and Colin Murray. *The Celtic Tree Oracle*. London: Rider & Co, 1988.

Paterson, Jacqueline. *Memory Tree Wisdom*. London: Thorson´s, 1996.

Pennick, Nigel. *Ogham & Coelbrenn: Keys to the Celtic Mysteries*. Cheivley: Capall Bann Publishing, 2000.

Philpot, J. H. *The Sacred Tree: The Tree in Religion and Myth*. Llanerch: Llanerch Publishing, 1994.

Readers Digest *Field Guide to Trees and Shrubs of Britain*. London: Readers Digest Association, 1981.

Tacitus. *The Germania* (trans. H. Mattingly). London: Penguin, 1948.